EFICIÊNCIA EXECUTÓRIA INTERNACIONAL EM PROCESSOS TRABALHISTAS

Editora Appris Ltda.
1.ª Edição - Copyright© 2024 do autor
Direitos de Edição Reservados à Editora Appris Ltda.

Nenhuma parte desta obra poderá ser utilizada indevidamente, sem estar de acordo com a Lei nº 9.610/98. Se incorreções forem encontradas, serão de exclusiva responsabilidade de seus organizadores. Foi realizado o Depósito Legal na Fundação Biblioteca Nacional, de acordo com as Leis nos 10.994, de 14/12/2004, e 12.192, de 14/01/2010.

Catalogação na Fonte
Elaborado por: Josefina A. S. Guedes
Bibliotecária CRB 9/870

B327e 2024	Bastos, Cleudison de Souza Eficiência executória internacional em processos trabalhistas / Cleudison de Souza Bastos. – 1. ed. – Curitiba: Appris, 2024. 150 p. ; 23 cm. – (Direito e constituição). Inclui referências. ISBN 978-65-250-5985-3 1. Direito internacional do trabalho. 2. Execuções (Direito). 3. Relações trabalhistas. I. Título. II. Série. CDD – 344.01

Livro de acordo com a normalização técnica da ABNT

Appris *editora*

Editora e Livraria Appris Ltda.
Av. Manoel Ribas, 2265 – Mercês
Curitiba/PR – CEP: 80810-002
Tel. (41) 3156 - 4731
www.editoraappris.com.br

Printed in Brazil
Impresso no Brasil

FICHA TÉCNICA

EDITORIAL	Augusto V. de A. Coelho
	Sara C. de Andrade Coelho
COMITÊ EDITORIAL	Marli Caetano
	Andréa Barbosa Gouveia - UFPR
	Edmeire C. Pereira - UFPR
	Iraneide da Silva - UFC
	Jacques de Lima Ferreira - UP
SUPERVISOR DA PRODUÇÃO	Renata Cristina Lopes Miccelli
PRODUÇÃO EDITORIAL	Sabrina Costa
REVISÃO	Ana Lúcia Wehr
DIAGRAMAÇÃO	Renata Cristina Lopes Miccelli
CAPA	Jhonny Reis

COMITÊ CIENTÍFICO DA COLEÇÃO DIREITO E CONSTITUIÇÃO

DIREÇÃO CIENTÍFICA Antonio Evangelista de Souza Netto (PUC-SP)

CONSULTORES		
Ana Lúcia Porcionato (UNAERP)	José Laurindo de Souza Netto (TJ/PR – UFPR)
Arthur Mendes Lobo (UFPR)	Larissa Pinho de Alencar Lima (UFRGS)
Augusto Passamani Bufulin (TJ/ES – UFES)	Luiz Osório de Moraes Panza (Desembargador TJ/PR, professor doutor)
Carlos Eduardo Pellegrini (PF - EPD/SP)	Luiz Rodrigues Wambier (IDP/DF)
Danielle Nogueira Mota Comar(USP)	Marcelo Quentin (UFPR)
Domingos Thadeu Ribeiro da Fonseca (TJ/PR – EMAP)	Mário Celegatto (TJ/PR – EMAP)
Elmer da Silva Marques (UNIOESTE)	Mário Luiz Ramidoff (UFPR)
Georges Abboud (PUC/SP)	Maurício Baptistella Bunazar (USP)
Guilherme Vidal Vieira (EMPAP)	Maurício Dieter (USP)
Henrique Garbelini (FADISP)	Ricardo Freitas Guimarães (PUC/SP)

Cleudison de Souza Bastos

EFICIÊNCIA EXECUTÓRIA INTERNACIONAL EM PROCESSOS TRABALHISTAS

Ao Eterno Deus, em quem confio e não temo porque o Senhor Jeová é a minha força e o meu cântico e se tornou a minha salvação (Isaías 12:2).

À minha esposa, Mariana Bastos, e aos meus filhos, Arthur Bastos, Victor Bastos e Marina Bastos, tesouros que habitam no mais íntimo e profundo do coração.

Aos meus pais, Evilásio Bastos e Celina Bastos.

Aos meus sócios-advogados do escritório de advocacia Bastos Advogados, Dr.ª Paolla Rosa Gomes e Dr. Abimael Motta.

Aos meus alunos.

AGRADECIMENTOS

Ao único Deus, criador do céu e da terra, seja dada toda honra, toda glória, e a ele dou meu louvor, eu agradeço.

Para que o presente trabalho viesse à luz, os meus esforços pessoais sozinhos não seriam suficientes. Sei e estou convicto de que de minha força vem do Senhor, único Deus, criador do céu e da terra, a Ele dou meu louvor e meu maior agradecimento.

Tive o incentivo de amigos, acadêmicos, Dr. Josinaldo Oliveira Leal, Dr. Victor André Gomes da Silva. Dr. Manoel Falconery e Dr. Clever Jatobá. Não poderia deixar de citar os nobres amigos Dr. Argemiro Santos Nascimento e Dr.ª Paolla Rosa Gomes, que me ajudaram na criação desta obra, dando seus pareceres sobre meus escritos e revisando o texto.

Impossível concluir esta obra sem o apoio da minha família. Obrigado à minha esposa, Mariana Bastos, e aos meus filhos, Arthur Bastos, Victor Bastos e Marina Bastos. Agradeço ainda ao meu pai, Evilásio Bastos, que sempre se dedicou para que jamais faltasse as condições de estudo para mim. Obrigado à minha rainha, minha mãe, Celina Bastos. Seu apoio é de gigantesca importância para mim. Obrigado.

Obrigado aos meus irmãos Evilasio Bastos Filho, Claudio Bastos, Cleberton Bastos, Eridelson Bastos, Geusa Bastos, Anderson Bastos, Geane Bastos e Geuzivana Bastos. Sou admirador de cada um de vocês.

Obrigado ao meu irmão, Dr. Aluísio Cristóvam, por quem tenho profunda admiração.

Obrigado à minha nobre professora Dr.ª Mônica San Martin, juíza do Trabalho da província de Buenos Aires, Argentina, Professora da Universidad Del Museo Social Argentino – UMSA, que, com sua capacidade e paciência, me orientou na elaboração de minha tese, que serviu de base para a elaboração desta obra.

O impossível não é um fato consumado, impossível é uma opinião.

(Muhammad Ali)

PREFÁCIO

Conheço o autor desde a sua infância e, mais do que um amigo, considero-o como irmão, já que, nos primeiros anos de minha graduação em Direito, residi na casa dos seus pais em Salvador. Contudo, por conta das minhas andanças como promotor de Justiça e Juiz do Trabalho, passamos muito tempo sem nos ver e somente nos reencontramos em meados da década passada, já como colegas, quando ele se tornou professor do Centro Universitário Estácio da Bahia, instituição na qual eu lecionava. Ali, tive a alegria de testemunhar a admiração que os alunos nutriam por ele, fruto de sua enorme dedicação e seu genuíno compromisso com a docência.

Todavia, os méritos do autor não se restringem à sua atuação acadêmica, que fez com que se tornasse um professor respeitado na graduação de faculdades e em cursos preparatórios para concurso. Ele é também um competente causídico, estrela em ascensão da advocacia trabalhista baiana.

O trabalho que vem a lume é produto da maturidade profissional do autor, que há bastante tempo vem se debruçando com afinco e seriedade sobre os temas relacionados com o Processo do Trabalho. Traz os traços indeléveis da sua bem-sucedida trajetória acadêmica e do seu talento no exercício da profissão de advogado. Por isso, longe de ser uma obra meramente teórica, o livro ora prefaciado demonstra também uma preocupação prática, própria de causídicos combativos, de encontrar soluções para as questões e os dilemas processuais que se apresentam quotidianamente na fase da execução trabalhista, que traduz a atividade pela qual o Judiciário Trabalhista, utilizando medidas coativas, torna efetivo o cumprimento de obrigação decorrente de título judicial (sentença e acordo homologado pelo órgão jurisdicional) ou de título extrajudicial.

Ora, não é segredo que a efetividade da execução trabalhista muitas vezes encontra óbices muito poderosos, praticamente intransponíveis. A inexistência de patrimônio do devedor (empresa e sócios) no território nacional é um deles. E se o devedor possui patrimônio em outro país, como na vizinha República Argentina, o que fazer para que esse sirva de garantia para uma execução trabalhista que tramita na Justiça do Trabalho brasileira? É justamente sobre a execução trabalhista internacional que esta obra trata. E vem em boa hora, pois não há muitos trabalhos escritos sobre o tema. E a escrita do autor apresenta a leveza e a simplicidade do professor experiente, preocupado com que a linguagem utilizada seja acessível não apenas aos profissionais do direito já gabaritados, mas também aos estudantes da graduação.

Por essas e outras razões, recomendo vivamente a leitura do livro *EFICIÊNCIA EXECUTÓRIA INTERNACIONAL EM PROCESSOS TRABALHISTAS*, de autoria do meu preclaro amigo e irmão Cleudison de Souza Bastos, certamente fadado a ser uma referência sobre o tema na literatura jurídica brasileira.

Salvador, 21 de dezembro de 2023

Aloisio Cristovam dos Santos Junior

Juiz Titular da 1ª Vara do Trabalho de Simões Filho-Ba. Doutor em Direito pela Pontifícia Universidade Católica do Rio Grande do Sul, com estágio doutoral na Universidade de Coimbra. Pós-doutorado em Direitos Humanos pela Universidade de Salamanca. Mestre em Direito Político e Econômico pela Universidade Presbiteriana Mackenzie. Especialista em Direito do Trabalho Portuário e Marítimo pela Universidade Santa Cecília. Bacharel em Direito e Especialista em Direito Constitucional do Trabalho pela Universidade Federal da Bahia. Autor de diversos artigos e livros jurídicos publicados no Brasil e na Espanha.

SUMÁRIO

1
TUTELA JURÍDICA LABORAL 17

2
O SISTEMA PROCESSUAL DO TRABALHO NOS PAÍSES
DO MERCOSUL 23

2.1 Aspectos históricos do direito processual do trabalho 25

 2.1.1 O surgimento do processo do trabalho. 27

  2.1.1.1 Origens remotas da relação laboral 28

  2.1.1.2 A Revolução Industrial. 29

  2.1.1.3 Movimentos de defesa dos trabalhadores 31

2.2 A normatização processual trabalhista nos países que compõem o Mercosul 32

 2.2.1 A normatização laboral no Brasil 32

 2.2.2 A normatização laboral na Argentina 32

 2.2.3 A normatização laboral no Paraguai. 33

 2.2.4 A normatização laboral na República Oriental do Uruguai. 34

 2.2.5 A normatização laboral na República Bolivariana da Venezuela. 35

3
PRINCÍPIOS JUSLABORAL 37

3.1 Concepção dos princípios 37

3.2 A funcionalidade dos princípios no sistema laboral 38

3.3 Hermenêutica da principiologia trabalhista 40

3.4 Princípios norteadores do direito e do processo do trabalho 42

 3.4.1 Princípio da proteção ao hipossuficiente 42

 3.4.2 Princípio in dúbio pro operário 45

 3.4.3 Princípio da aplicação da norma mais favorável. 47

 3.4.4 Princípio da continuidade do contrato de trabalho. 48

 3.4.5 Princípio da primazia da realidade 50

 3.4.6 Princípio da irrenunciabilidade do direito do trabalho. 52

 3.4.7 Princípio da celeridade processual 56

4
A RELAÇÃO DE TRABALHO E OS ELEMENTOS QUE CARACTERIZAM O CONTRATO ... 59

4.1 Pessoa física ... 59

4.2 O empregado e seu caráter de personalíssimo no contrato laboral ... 61

4.3 Habitualidade no labor ... 61

4.4 Continuidade ... 62

4.5 Subordinação ... 63

4.6 Onerosidade ... 64

4.7 Poder diretivo do empregador ... 65

4.8 O risco do negócio como exclusividade do empregador – alteridade ... 67

4.9 Contrato de natureza sinalagmática ... 68

4.10 Contrato de trabalho de natureza comutativa ... 70

4.11 O trabalho associado à dignidade da pessoa humana ... 70

5
CARACTERÍSTICAS DA NORMA TRABALHISTA

5.1 Natureza jurídica da norma ... 73

5.1.1 Norma trabalhista como direito público ... 75

5.1.2 Norma trabalhista como direito privado ... 77

6
TUTELA PROCESSUAL TRABALHISTA ... 79

6.1 Processo como efetiva aplicabilidade do direito ... 79

6.2 Foro privilegiado / justiça especializada ... 80

6.3 Inversão do ônus da prova ... 82

7
O PROCESSO DO TRABALHO E A SUA TELEOLOGIA ... 87

7.1 A fase processual de cognição como meio determinante do direito ... 88

7.1.1 Meios de solução de conflito no processo trabalhista ... 89

7.1.1.1 Conciliação ... 92

7.1.1.2 Instrução e julgamento ... 95

7.1.2 Objetivo processual específico de declarar cognitivamente o direito ... 97

7.2 A fase processual de execução como meio de efetivar o direito ... 98

7.2.2 Meios de efetivo cumprimento da sentença ... 100

7.2.1.1 Cumprimento voluntário ... 101

7.2.1.2 Cumprimento compulsório ... 102

8
A COMPETÊNCIA DE FORO TERRITORIAL NO PROCESSO TRABALHISTA 105

8.1 Meios determinantes da competência territorial 108

8.1.1 Competência jurisdicional do local da efetiva prestação de serviço 110

8.1.2 Competência jurisdicional do local de domicílio do trabalhador 111

8.1.3 Competência jurisdicional estipulada no local onde se efetivou a contratação do trabalhador ou do labor que se efetivou em diversas localidades 112

8.1.3.1 Competência jurisdicional de empregado brasileiro laborando no exterior 113

8.1.4 Competência jurisdicional do local de domicílio do empregador 114

9
A INEFICIÊNCIA EXECUTÓRIA DO DEVEDOR COM DOMICÍLIO E PATRIMÔNIO EXEQUÍVEL NO EXTERIOR 117

9.1 A Carta Rogatória 118

9.2.1 Procedimento da Carta Rogatória no Brasil 119

9.2.2 Procedimento da Carta Rogatória estrangeira na capital federal da Argentina 121

9.2.3 Procedimento de cooperação e assistência jurisdicional 125

9.3 Prescrição intercorrente e a caducidade 126

9.4 Ineficiência da Carta Rogatória 128

9.5 A impossibilidade da eficiência executória quando o devedor detém patrimônio no exterior 131

10
ALTERAÇÃO DA COMPETÊNCIA TERRITORIAL NA BUSCA DE EFETIVIDADE DO CUMPRIMENTO DA SENTENÇA 133

10.1 A eficiência executória como meio determinante de competência da fase processual de cognição 135

10.2 Inexistência de impedimentos legais, jurisprudenciais ou doutrinários para a implementação da alteração de competência territorial 137

11
CONCLUSÃO 141

REFERÊNCIAS 145

TUTELA JURÍDICA LABORAL

As relações laborais estão presentes em todos os grupos sociais, que, por meio do labor, constroem e aperfeiçoam a evolução histórica da sociedade. Contudo, a regulamentação da atividade laboral, objeto do direito do trabalho, visa a evitar que abusos sejam praticados na relação contratual entre empregados e empregadores, criando um meio de controlar e ordenar toda atividade trabalhista.

A relação contratual laboral tem em si uma peculiaridade própria e marcante, que é o desequilibro causado pelo poder econômico do empregador e a necessidade do trabalhador que o torna hipossuficiente nessa relação. Essa característica gera no direito a necessidade de regulamentar a matéria laboral no intuito de buscar o equilíbrio contratual entre as partes.

O direito do trabalho e seu ordenamento processual, ambos por meio de sua expressão legal, determinam a existência de um amparo jurídico às relações do trabalho, tanto na esfera do direito material quanto na do processual. Contudo, verifica-se que, com a constante evolução das sociedades e o dinamismo proporcionado pelo crescimento científico e tecnológico, surgem novas modalidades de contratos de trabalho que fogem ao controle normativo jurídico vigente, prejudicando especialmente o hipossuficiente da relação laboral.

Havendo relações laborais que não estejam tuteladas por um ordenamento jurídico, ocorre a possibilidade para a prática de abusos, desequilibrando a relação laboral, maculando prerrogativas inerentes ao trabalhador hipossuficiente e causando feridas à função social do trabalho.

A evolução histórica da sociedade tem intrínseca relação com as lutas na esfera trabalhista, que iniciou com as lutas sociais pelo fim dos trabalhos forçados, devendo-se ressaltar que o tipo de atividade laboral está diretamente ligado à dignidade do indivíduo. Daí a necessidade de transformar historicamente de um modelo escravocrata para uma relação contratual laboral mais equilibrada.

Com o transcorrer do tempo, a história da humanidade depara-se com a ideia da globalização, em que os meios de comunicação se difundiram a ponto de trazer, a todos, acesso à informação dos fatos ocorridos por todo o mundo, inclusive em tempo real. A internet surge como uma ferramenta potente que viabiliza a inter-relação entre indivíduos de diversas partes do mundo e dinamiza, por sua vez, a possibilidade de relações laborais em formatos nunca antes vistos.

As constantes e flutuantes mudanças na economia mundial fazem com que, em um dado momento histórico, determinada região seja considerada um local propício a investimentos de capital financeiro, surgindo o crescimento da atividade comercial e, consequentemente, a ascensão laboral nesta região. A internet, por sua vez, surge não só como um meio de informação, mas como um meio viável de implementar uma mudança na relação laboral nessas áreas, devido à sua viabilidade econômica na celebração de contratos trabalhistas.

Diante desse quadro moderno, no qual uma empresa pode celebrar contrato de trabalho com o empregado, sem necessariamente ter uma estrutura física e patrimonial no local da prestação de serviço, tem havido a possibilidade de empregados e empregadores, residentes em países distintos, terem contrato de trabalho com os exatos moldes legais, estabelecidos para aqueles com domicílio na mesma nacionalidade, e prestarem serviço um ao outro, havendo a remuneração pelo exercício laboral, sem que haja o efetivo deslocamento físico dos indivíduos envolvidos no pacto laboral.

Faz-se necessário salientar que existe a real possibilidade de uma sociedade empresária promover atividade laboral em um país, no qual ela mesma não possua domicílio físico, o que, assim como nos casos de serviços prestados por internet, dificulta a aplicação eficiente de uma execução processual de eventuais créditos laborais. Cabe ainda destacar que essa forma de contratação é utilizada pelos empregadores como uma estratégia comercial de ter mão de obra sem ter a possibilidade de ser compelido judicialmente a cumprir obrigações patrimoniais de natureza laboral.

É sabido que cada país é detentor do seu ordenamento jurídico interno e é protegido pela soberania constitucional de cada nação. Contudo, a atividade laboral efetivada em um território nacional em que o empregador não tem domicílio cria uma série de problemas para os trabalhadores, especialmente no momento processual de execução de seus créditos laborais, pois a jurisdição trabalhista que determina o pagamento ao trabalhador de um crédito laboral não detém o *longa manus* de cunho internacional para executar o devedor com domicílio em país diverso de sua contratação.

É preciso deixar claro que, havendo atividade laboral em que o empregado e o empregador estão domiciliados em países distintos, esses são tutelados por ordenamentos jurídico distintos, o que levaria a uma eventual utilização de Cartas Rogatórias, como meio de se promover execução processual eficiente.

A simples utilização de Carta Rogatória para promover uma execução trabalhista pode não ser eficiente, pois, dentre os países nos quais teriam domicílio, as partes envolvidas na demanda processual deverão promover acordo ou convenção internacional com fulcro em tonar legal o uso desse tipo de ferramenta jurídica.

A própria jurisprudência internacional demonstra que esse instrumento não tem sido eficiente nos processos de execuções, pois a morosidade processual favorece o devedor, que muitas vezes esvai seu patrimônio, tornado insatisfeito o crédito do trabalhador.

Cabe salientar que cada ordenamento jurídico tem sua aplicabilidade ligada à sua competência territorial, não podendo o ordenamento de um país ser imposto a outro sem que venha ferir o instituto da soberania. Para que exista essa interação jurídica internacional, deve haver o já citado acordo, ou convenção internacional. Em caso de conflitos ou dúvidas sobre a execução de um contrato laboral internacional, a solução poderia emanar de um único ordenamento jurídico. Contudo, essa possibilidade ainda é inaplicável, pois não existe nenhum ordenamento com essas características, capaz de se sobrepor, definitivamente e de forma eficiente, a cada um dos ambientes jurídicos internos de cada país.

Os blocos econômicos são meios de criar, entre países, uma normativa que viabilize a promoção de um direito comum, especialmente no Mercado Comum do Sul (Mercosul), em que há tratativas de cunho migratório, laboral e comercial. Contudo, ainda não trata especificamente do processo judicial laboral entre partes que tenham domicílio em países distintos, temática que será tratada em capítulo próprio neste livro.

É notório que a teleologia do processo do trabalho é dar acesso ao empregado ao crédito oriundo do vínculo empregatício. Porém, com o advento da globalização e da internacionalização do capital das empresas, muitos processos têm tido seu objetivo principal frustrado, visto que as execuções resultam ineficazes diante dos procedimentos de cooperação e assistência jurisdicional internacional, como a Carta Rogatória.

A partir da necessidade de tornar eficaz a fase executória nas demandas processuais de contratos de trabalho que envolvam empregador com patrimônio no exterior, necessário é que seja promovido uma análise e reflexão de soluções para a conquista efetiva da teleologia processual na contemporaneidade, inclusive, com o advento da globalização.

A não existência de uma norma regulamentadora que venha tutelar um contrato de trabalho, celebrado entre indivíduos domiciliados em países distintos, surge como um grande problema para os operadores do direito, que se deparam com uma situação sem solução aparente. Cabe salientar que conflitos de interesse são muito comuns em uma relação laboral, pois o contrato trabalhista pressupõe a existência de desigualdade entre as partes envolvidas.

O direito do trabalho visa a proteger a relação trabalhista justamente porque não há igualdade entre as partes, de forma tal que se consagrou o princípio da proteção ao hipossuficiente, como meio de se igualar os desiguais, empregado e empregador. Assim entende o autor Mario L. Deveali (1953, p. 167):

> El derecho del trabajo es un derecho especial que se distingue del derecho común, especialmente por cuanto el segundo supone la igualdad entre las partes mientras que el primero presupone una situación de desigualdad que él tiene a corregir con otras desigualdades.

A desigualdade entre as partes de um contrato trabalhista deve ser igualada por meio dos ditames legais, trazendo, assim, o equilíbrio entre os contratantes. Não havendo qualquer regulamentação que venha tutelar um contrato de trabalho internacional e, consequentemente, o desequilíbrio entre as partes, deixa-se margem para o abuso de direitos e, por conseguinte, uma exploração de mão de obra.

Há que se considerar que, em um contrato individual de trabalho, celebrado entre indivíduos de nacionalidades distintas para prestação de serviço de mão de obra, em que cada uma das partes esteja domiciliada nos seus respectivos países, não estaria tutelado por uma norma jurídica que viesse a solucionar de forma efetiva e eficiente qualquer conflito existente entre os contratantes. Dessa forma, qualquer abuso de direito ou, até mesmo, exploração indevida de mão de obra estaria ferindo os princípios trabalhistas consagrados pela legislação interna de cada país. E, mesmo assim, não haveria meios jurídicos de se buscar uma prestação jurisdicional eficaz para se alcançar, além de um direito trabalhista, um crédito.

Os princípios norteadores do direito do trabalho estão expressos não somente no Brasil, mas também em todos os demais países membros do Mercosul. Dessa forma, a legislação de cada um desses países assemelha-se quanto ao seu modo de tutelar o direito nesse ramo jurídico específico. Sendo assim, tais princípios devem ser respeitados nos contratos de trabalho internacionais. Assim também entende Alfredo J. Ruprecht (1994, p. 7):

> Los principios del derecho laboral son normas que inspiran la disciplina, tiene por objeto hacer que se apliquen concretamente los fines del Derecho del Trabajo. Son verdaderos principios orientadores, por lo cual preferimos denominarlos principios normativos del Derecho Laboral, ya que dan las pautas necesarias para una justa aplicación de este Derecho, aunque ellos no empece que puedan se utilizados como medios interpretativos, pero sin ser esa su función principal.

Deve-se, neste momento, destacar menção para o fato de que as relações de trabalho exercem uma valiosa função social, não podendo, em momento algum, um contrato de trabalho estar desvinculado desse caráter social. O fato de ter autonomia científica não significa que o direito do trabalho esteja isolado. Ao contrário, ele está relacionado com os mais variados ramos do direito e da sociologia, pois interfere diretamente na coletividade social.

No Brasil, o trabalho é considerado como direito fundamental e social, conforme se verifica no art. 6º da Constituição Federal de 1988. A valorização do trabalho humano é referenciada como fundamento da ordem econômica, que tem por fim assegurar a todos uma existência digna, conforme os ditames da função social. Nesse entendimento, podemos citar as considerações de Marcelo Novelino e Dirley da Cunha Junior (2010, p. 670):

> O primado do trabalho como base da ordem social o coloca acima de outros aspectos econômicos, como decorrência de sua imprescindibilidade à promoção da dignidade da pessoa humana. A partir do momento que contribui com seu labor para o progresso da sociedade à qual pertence, o indivíduo se sente útil e respeitado.

Fica evidente que, tanto no Brasil quanto nos demais países do Mercosul, existem princípios e legislações que tutelam a relação trabalhista celebrada no âmbito interno de cada país. Contudo, quando houver um contrato internacional de trabalho, em que empregado e empregador estejam, por exemplo, domiciliados um no Brasil e outro na Argentina, não há meios eficientes e de solução definitiva que possibilitem uma resposta rápida aos anseios dos contratantes, que têm entre si um vínculo laboral.

Apesar da problemática supracitada não ter sido solucionado pela doutrina nem pela jurisprudência com um meio realmente eficiente, verifica-se que a celebração de contratos trabalhistas e efetiva aplicação de mão de obra por contratantes com domicílio em países distintos têm fundamentos para existir conforme já demonstrado, necessitando de solução que proporcione não somente um processo de cognição eficiente, mas, sobretudo, uma execução processual eficiente que promova ao trabalhador o alcance de seus créditos laborais.

O SISTEMA PROCESSUAL DO TRABALHO NOS PAÍSES DO MERCOSUL

O processo do trabalho tem por escopo um conjunto de regras que normatizam e regulam os diversos conflitos que, dentro da matéria laboral, são judicializados, no objetivo maior de ter do órgão judicante a decisão solucionadora daquele conflito.

O contrato de trabalho tem peculiaridades que o diferenciam dos demais contratos celebrados no âmbito do direito civil ou até mesmo em outros ramos do direito. Nele há características que tornam necessária não só a regulamentação do direito material, mas uma legislação processual própria, dando respaldo aos princípios que regem a matéria trabalhista.

A relação laboral constituída pelo empregado e empregador requer uma cuidadosa tutela legal, pois esse contrato é naturalmente desequilibrado, o que gera a necessária proteção legal daquele que é considerado hipossuficiente, conforme dispõe o processualista de direito do trabalho Valton Pessoa (2008, p. 23):

> A proteção ao empregado está pautada em três pilares fundamentais; o desequilíbrio econômico, o estado de dependência econômica (percepção de salário) e de subordinação. Esses fatores interferem em um elemento fundamental à validade de todo e qualquer negócio Jurídico: a vontade.
>
> Poucos empregados deixariam de aceitar as condições propostas por ocasião de contratação, ou mesmo durante o vínculo, em razão do receio em obter ou manter o emprego, muitas vezes responsável pela subsistência própria ou da família. Assim salvo nas raras hipóteses de altos executivos, essa imposição sócio econômica pode, sem dúvida, interferir no livre consentimento do empregado.

Fica claro que a principal característica que diferencia um contrato de trabalho de um contrato de outra natureza é o caráter de necessidade que o empregado tem em celebrar esse tipo de contrato, salvo nos raros casos citados pelo autor supracitado.

Depender de um contrato de trabalho para manter a subsistência própria e de seus familiares traz ao trabalhador o caráter de hipossuficiência, pois esse mesmo contratante, ao necessitar desse instrumento, lhe causa real interferência no seu arbítrio para aquiescer ou não a um termo contratual laboral ou, até mesmo, a uma alteração de clausulas.

A própria legislação trabalhista traz, em seus instrumentos normativos, o dispositivo legal que declara expressamente a existência dessa dependência.

A Consolidação das Leis do Trabalho, norma trabalhista brasileira, dispõe, no seu art. 3º, que: "Considera-se como empregado toda pessoa física que prestar serviço de natureza não eventual a empregador, sob a dependência deste e mediante salário".

As características que expressam a existência de relação de trabalho podem ser claramente vistas na norma trabalhista da Argentina, no art. 21º da LCT (Ley del Contrato de Trabajo – Titulo II – Del Contrato de Trabajo em General – Ley 20.744 de 20 de setembro de 1974), conforme se verifica na citação da referida lei:

> Habrá contrato de trabajo, cualquiera sea su forma o denominación, siempre que una persona física se obligue a realizar actos, ejecutar obras o prestar servicios en favor de la otra y bajo la dependencia de ésta, durante un período determinado o indeterminado de tiempo, mediante el pago de una remuneración. Sus cláusulas, en cuanto a la forma y condiciones de la prestación, quedan sometidas a las disposiciones de orden público, los estatutos, las convenciones colectivas o los laudos con fuerza de tales y los usos y costumbres.

Verifica-se, também na Argentina, a presença da característica inerente ao trabalhador, a subordinação. Assim dispõe o art. 22º da já citada Ley del Contrato de Trabajo: "Habrá relación de trabajo cuando una persona realice actos, ejecute obras o preste servicio en favor de outra, bajo la dependência de ésta en forma voluntaria y mediante el pago de uma remuneración, qualquiera sea e lacto que le dé origen".

É justamente essa característica de dependência que leva ao desequilíbrio contratual entre as partes que firma o pacto laboral. E por ser tão desequilibrado, surge a real e necessária tutela do direito como meio de equilibrar esse contrato, sem que uma das partes sobreponha sua vontade em detrimento da outra.

O processo do trabalho também tem, nas suas normativas, ditames que consideram essa realidade de desequilíbrio contratual, dando oportunidade àquele considerado hipossuficiente de ter no processo judicial o equilibro necessário à busca da justiça como solução de conflito.

Diversos são os institutos que versam sobre o processo do trabalho, tendo em si a prerrogativa de combater a desigualdade contratual que pode interferir no processo judicial do trabalho.

A capacidade econômica, que é característica preponderante do empregador, além do conhecimento sobre os meios de produção, o faz suficiente para desequilibrar o trâmite processual. Considerando que, com a capacidade econômica, o empregador pode munir-se de profissionais que manejam com muito mais eficiência e celeridades os institutos jurídicos em benefício do empregador, ao passo que, o trabalhador não teria nem sequer a capacidade de postular sem o profissional competente da advocacia. Na busca de solução para que o trabalhador hipossuficiente possa acessar o poder judiciário, criou-se o instituto do *Jus Postuland,* no qual o trabalhador poderá promover sua demanda judicial sem a necessidade de estar assessorado por um profissional da advocacia.

Assim como o *Jus Postuland,* diversos outros institutos jurídicos principiológicos passaram a tutelar a relação processual trabalhista na busca do equilíbrio das partes, a exemplo da inversão do ônus da prova, do impulso *ex-ofício*, do princípio da inafastabilidade do controle jurisdicional e do princípio da isonomia.

2.1 Aspectos históricos do direito processual do trabalho

A norma processual laboral, assim como o próprio direito material do trabalho, tem na sua estrutura fundamentos e prerrogativas que se originam de uma evolução história, a qual está diretamente ligada às lutas sociais do passado, trazendo ao presente direitos e deveres juslaborais mais apropriados para a vida contemporânea.

Não se pode desatrelar o direito e o processo do trabalho do contexto histórico da humanidade, pois, a cada tempo e a cada vivência de uma coletividade, se vislumbra características justificadora dessa evolução, por sua vez a matéria trabalhista transmuta de suas características originárias até a forma como se apresenta na atualidade.

O trabalho, na forma de produção, existe desde que o homem entendeu a necessidade do labor para a sua manutenção e de seus familiares. A evolução histórica demonstra que essa necessidade do trabalho permeia por questões não somente de sobrevivência da vida, mas também de inserção do indivíduo no contexto social.

O trabalho como fato social existe desde os primórdios da humanidade, quando homens buscavam no seu ofício alcançar benefícios pessoais ou, até mesmo, benefícios coletivos, seja na promoção de guerras, seja, até mesmo, no cultivo de gêneros alimentícios mais básicos.

No transcorrer da história, verifica-se que o homem deixa de trabalhar apenas para si, mas também em servidão perante outros indivíduos, principalmente com a utilização do trabalho escravo. E é exatamente com o trabalho prestado a outros indivíduos que surge a ideia de regulamentação desse fato social.

Cabe ressaltar que o trabalho escravo é imbuído do caráter de subserviência a um tomador da mão de obra, que geralmente era o proprietário desse escravo. Essa característica é modificada no transcorrer histórico e se transforma ao que modernamente é denominado de subordinação. Atualmente, o empregado é subordinado ao seu empregador, inclusive por determinação legal, como se vê na Consolidação das Leis do Trabalho do Brasil, especificamente no art. 3º e no art. 22 da LCT – norma trabalhista da Argentina.

Cabe destacar que, na condição de subserviente, o escravo era considerado como um objeto, um ser inferior à condição humana, portanto não tinha direitos, pois somente os considerados cidadãos eram alcançados pelo enquadramento do direito.

As lições de Sergio Pinto Martins, no seu livro de direito do trabalho, também dispõem nesse sentido:

> O escravo, portanto, não era considerado sujeito de direito, pois era propriedade do *dominus*. Nesse período constata-se que o trabalho do escravo continuava no tempo, até de modo indefinido, ou mais precisamente até o momento em que o escravo vivesse ou deixasse de ter essa condição. Entretanto, não tinha nenhum direito, apenas o de trabalhar (MARTINS, 2012, p. 4).

O direito do trabalho surge em consequência da necessidade do amparo jurídico das relações laborais, garantindo aos trabalhadores condições tais que promova o crescimento não só individual, mas de toda a sociedade. Tutelar o trabalho juridicamente é promover garantias sociais de harmonia e crescimento coletivo, tanto para empregados quanto para aqueles beneficiados com o resultado do labor, indivíduo esse que modernamente é denominado "empregador".

2.1.1 O surgimento do processo do trabalho

A tutela processual do trabalho está atrelada à existência de um direito material que determina direitos os quais o processo judicial perseguirá como dever-ser.

A evolução do processo do trabalho está diretamente ligada, também, à evolução do direito material do trabalho. É justamente na busca pela implementação dos direitos materiais que a matéria processual atua com seus ritos e procedimentos.

A necessidade de conhecer o passado é premente para podermos compreender a contemporaneidade, e esse entendimento coaduna exatamente com o declarado por Sergio Pinto Martins, em seu livro de direito processual do trabalho:

> Ao examinarmos o Direito Processual do Trabalho há necessidade de lembrarmos de sua gênese e de seu desenvolvimento do decorrer do tempo, o atendimento de novos conceitos e instituições que foram surgindo com o passar dos lustros.
>
> O direito tem uma realidade histórico-cultural, não admitindo o estudo de quaisquer de seus ramos sem que se tenha uma noção de seu desenvolvimento dinâmico no transcurso do tempo
>
> Ao se pretender estudar o passado, é possível compreender o desenvolvimento da ciência no decorrer dos anos, o que se mostra uma necessidade premente segundo as lições de Waldemar Ferreira (1962, v.1:1), "nenhum jurista pode dispensar o contingente do passado a fim de bem compreender as instituições jurídicas dos dias atuais" (MARTINS, 2005, p. 32).

Conhecer o passado é o meio hábil a compreender o presente e os reais objetivos que as normas atuais querem alcançar quando determinam determinado dispositivo.

2.1.1.1 Origens remotas da relação laboral

O tratado literário mais remoto que dispõe sobre a relação de trabalho é a Bíblia Cristã. Ela retrata o labor como uma forma de punição, de castigo, pois, segundo esse tratado de cunho religioso, Adão, sendo considerado o primeiro homem da história, pela teoria do criacionismo, teria sido condenado a trabalhar para poder suster-se, e isso seria a penalidade por sua desobediência ao ditame normativo determinado pela autoridade divina. Assim está disposto na Bíblia Sagrada, no livro de Gênesis, capítulo terceiro, versículo 19 (1995, p. 3): "Com suor do teu rosto comerás o teu pão, até que tornes à terra, porque dela foste tomado; pois és pó, e ao pó retornarás".

Buscando a origem da nomenclatura, verifica-se que a palavra trabalho tem origem no latim *tripalium*, ou seja, instrumento usado para tortura de três paus ou uma canga que pesava sobre os animais (MARTINS, 2017, p. 3-4).

O processo do trabalho tem sua origem em conjunto com as normas que regulariam a relação entre trabalhador e empregador. Sendo impraticável a vida em comum sem a normatização do compromisso humano, surge o direito como conjunto das normas gerais e positivas disciplinadoras da vida social.

Compete ao Estado determinar as leis e estabelecer medidas de imposição coercitivas do comando expresso na norma. Assim dispõe Ivan Dias Rodrigues Alves, prelecionando que:

> O trabalho evidentemente sempre foi regulamentado por lei, desde a mais remota antiguidade encontram-se leis que o regem, bastando observar que o código de Hamurabi já continha norma pertinente ao salário mínimo, de maneira que a parte do direito que hoje conhecemos como direito coletivo do trabalho, de certo modo, encontra-se raízes nas primitivas organizações jurídicas (ALVES, 1995, p. 30).

Não se pode tratar do trabalho no seu contesto histórico sem que se fale do escravo como mão de obra, que é a mais expressiva representação do trabalhador na idade antiga.

A história declara a existência do indivíduo na condição de escravo, tendo este, como principal característica, a obrigatoriedade da sua atividade laboral, sendo subordinado a um mandatário que também era o detentor da propriedade da pessoa escrava.

A evolução da forma de trabalho eleva o escravo, que tinha características de propriedade material, passando a ser considerado como pessoa, muito embora seus direitos subjetivos fossem limitados.

Cabe ressaltar que, mesmo em tempos de escravidão, havia pessoas que laboravam e eram remuneradas por isto, contudo essas não eram consideradas escravos.

Apenas com a abolição da escravatura, que ocorrera paulatinamente nos diversos países, surge a possibilidade de uma relação laboral na qual todos pudessem ser remunerados pelo labor exercido.

O direito do trabalho evoluiu historicamente por todo o transcurso da humanidade, contudo é na revolução industrial que as lutas trabalhistas promovem uma acentuada mudança na forma de entender e vivenciar a relação laboral.

2.1.1.2 A Revolução Industrial

Como foi abordado, o direito processual do trabalho tem sua evolução histórica atrelada ao direito material do trabalho, até mesmo porque se faz necessário a existência de um direito material para que, a partir disso, se crie o direito processual que visa tão somente à aplicabilidade daquele.

A própria existência da estrutura judiciária que agasalha as causas trabalhistas está dentro do advento da Revolução Industrial que ocorrera na Europa, especialmente e de forma mais contundente na Inglaterra do século XVIII. Esse foi o marco de uma série de acontecimentos que, nos anos seguintes, provocaram mudanças profundas e dramáticas em todo o mundo.

O processo evolutivo das formas de trabalho, com o surgimento da máquina a vapor que substitui em larga escala a mão de obra operária, promove o natural desemprego de um volume grande de trabalhadores. Aqueles que ainda puderam perdurar numa relação de trabalho veem seus contratos laborais serem precarizados. Surgem daí as reduções de salários e condições desumanas de trabalho. Diante de tal situação, os trabalhadores passaram a se organizar e pleitear a melhoria de condições remuneratórias e laborais. Devido à inexistência de normas, os conflitos só eram solucionados quando uma das partes, ou empregado ou empregador, por liberalidade própria, cedesse seus interesses em favor do outro.

Uma vez que surgem as constantes pelejas entre as classes do proletariado e a elite economicamente mais favorecida, o Estado passou a ordenar uma conciliação obrigatória, depois, a mediar e, por fim, a julgar a controvérsia. Surge, então, o direito processual do trabalho (MARTINS, 2000)

A matéria processual trabalhista aparece como forma de viabilizar aplicabilidade aos novos direitos laborais vindos das demandas ocorridas na revolução industrial. O processo se manifesta como meio de viabilizar a aplicabilidade dos pleitos e interesses que fomentavam conflitos entre as classes de empregadores e trabalhadores.

De fato, a revolução industrial fomentou o início dos procedimentos de solução de conflitos laborais. Assim também é o entendimento de Julio Armando Grisólia, que trata desse tema no seu livro *Derecho Del Trabajo y de la Seguridad Social* (2011, tomo I, p. 31, grifos do autor):

> En la evolución histórica del trabajo humano cabe distinguir dos épocas que resultan claramente diferenciables. El *punto de i nflexión* lo marcó el movimiento social económico de carácter mundial denominado *"Revolución industrial"*, con el cual comienza a aparecer las prestaciones laborales em relación de dependencia y por cuenta ajena.
>
> Como consecuencia de ello, *a la primera etapa evolutiva se la denomina "preindustrial"*, entendido por tal al período que corre desde las prestaciones rudimentarias de la Roma clásica hasta la aparición de los primeros emprendimientos industriales del siglo XVIII. En este período no existe relaciones laborales como las conocidas actualmente, sino meras prestaciones rudimentarias.
>
> A *la segunda etapa se la designa "industrial" propriamiente dicha*, por cuanto em ella hay que incluir las distintas formas de prestación laboral que se han ido verificado desde la revolución industrial hasta hace algunos años.
>
> Finalmente, *em los últimos años ha surgido una tercera etapa que se puede llamar "pos-industrial"* y que presenta características proprias A partir de la década del 70 se va conformando un nuevo orden económico y político – "pos-industrial".

Fica evidente que a Revolução Industrial é um marco não só para o direito do trabalho, como também para o direito processual do trabalho.

2.1.1.3 Movimentos de defesa dos trabalhadores

Os trabalhadores, no intento de buscar a sua evolução, travou lutas históricas para superar a sua condição de ser uma simples massa de homens explorados, para se tornar uma classe consciente do seu papel transformador da sociedade. Construiu organizações coletivas, chamadas de sindicatos, que tem o papel fundamental de buscar por melhorias para a classe trabalhadora e até fundou partidos políticos, interferindo diretamente nos rumos de nações, travando batalhas sob a bandeira de uma busca por melhorias.

Na Inglaterra, país do qual se originou o capitalismo industrial, teve no seio sindical a chama inicial para a fundação do partido político que reivindicava a representação da classe trabalhadora. Na França e na Rússia, foi a atividade dos partidos de trabalhadores que construiu os sindicatos. Dessa forma, pode-se inferir que a luta pela organização da classe trabalhadora como classe independente e capaz de alcançar seus objetivos, que identifica seus interesses e se propõe a transformar a sociedade, é um processo único que se desdobra em construção de sindicatos e partidos de trabalhadores de maneira combinada.

A estrutura sindical que fora construída contra o interesse da burguesia e do Estado, mais do que um agrupamento unitário da classe para a defesa das reivindicações materiais e morais elementares dos trabalhadores, é, ao mesmo tempo, um ponto de apoio para a luta por uma sociedade sem explorados e exploradores.

Entretanto, quando os trabalhadores se agrupam, ou, pelo menos, tentam agrupar-se, independentemente de ideologia partidária, sociológica, religiosa ou racial, e pelo fato de serem organismos elementares de unidade, os sindicatos, por si só, não têm o condão de ser suficientemente capaz de alcançar seus objetivos de forma plena. Contudo, em conjunto com o partido político, é capaz de interferir diretamente na esfera governamental, política e organizacional da sociedade, que tem na relação de trabalho a base de sustentáculo econômico.

Os movimentos da classe operária que trazem notoriedade histórica decorrem das ações oriundas das estruturas sindicais e dos partidos políticos com ideologias laborais fortes. Essas estruturas de movimentos laborais foram capazes de promover a evolução da relação laboral e, consequentemente, da sociedade.

2.2 A normatização processual trabalhista nos países que compõem o Mercosul

Todos os países que compõem o bloco econômico do Mercosul têm, na sua estrutura positivada legal, a normatização de direitos objetivos que regulam a relação laboral entre empregados e empregadores, bem como dispõem sobre a estrutura e atuação sindical.

Dessa mesma forma, todos os países componentes do Mercosul têm, no seu corpo normativo, dispositivos que regulamentam e determinam os processos e procedimentos judiciais.

Como forma de demonstrar que as letras aqui postas não coadunam somente com a norma trabalhista brasileira, mas, sim, de todos os países integrantes do Mercosul, trazemos em sequência o conjunto normativo de cada um dos países.

2.2.1 A normatização laboral no Brasil

O ordenamento jurídico interno brasileiro trata, em sua Constituição Federal, promulgada em 5 de Outubro 1988, da proteção às relações de trabalho, no seu art. 7º. E, no art. 111 do mesmo dispositivo constitucional, há a disposição sobre a estrutura judiciária laboral. Não se pode deixar de citar a legislação infraconstitucional, que dispõe sobre o direito laboral e as normas processuais, a Consolidação das Leis do Trabalho – CLT (Decreto-Lei 5.452 de 1º de maio de 1943).

Cabe salientar que são aplicáveis no processo trabalhista brasileiro as normas do Código de Processo Civil (Lei 13.105 de 16 de março de 2015), conforme determina a CLT, no seu art. 769.

A própria dinamicidade da relação laboral, que constantemente evolui gerando novos direitos e garantias à classe trabalhadora, é responsável pelo fato de que outras normas possam surgir com intuito de nortear os direitos aplicáveis à classe trabalhadora e empregadora.

2.2.2 A normatização laboral na Argentina

Assim como no Brasil, a Argentina também tem no seu corpo normativo diversos dispositivos jurídicos que regulamentam a matéria laboral e processual.

A regulação da matéria de direito contratual individual do trabalho, especificamente na denominada Ley del Contrato de Trabajo – LCT (Ley 20.744 de 20 de setembro de 1974, ordenado por Decreto 390/76), e sua legislação processual Nacional (Ley 18.345), também devemos citar a Ley de Reforma del Trabajo (Ley 25.150, promulgada em 29 de maio de 2000).

Existem, no país Argentino, as legislações processuais específicas de cada uma das províncias, ou seja, cada província compete regular o processo do trabalho. Aqui trazemos cada uma dessas normas:

Província de Buenos Aires tem sua norma processual laboral em corpo normativo da Ley 11.653; Província de Catamarca na Ley 4.799; na Província del Chaco aplica-se Ley 2.383; a Província de Chubut Ley 69; a Província de Córdoba Ley 7.987, a Província de Corrientes Ley 3.540; a Província de Entre Ríos é regida pela Ley 5.315; a Província de Formosa Ley 693; Província de La Rioja rege-se pela Ley 5.763; a Província de Mendonza possui a Ley 2.144; Província de Missiones tem a Ley 2.884; Província del Neuquén dispõe sua normatividade na Ley 921; Província de Rio Negro também possui norma própria, a Ley 1.504; a Província Salta tem a Ley 5.298; Província de San Juan dispõe da Ley 5.732; Província de San Luis a Ley 2.642; Província de Santa Cruz tem a Ley 1.444; a Província de La Pampa é normatizada pela Ley 986; Província de Santa Fé a Ley 7.945); Província de Santiago del Estero a Ley 3.603; a Província de Tierra del Fuego, Antartida e Islas del Atlantico Sur também possuem leis próprias que tratam do direito processual laboral – trata-se do Decreto 454.

2.2.3 A normatização laboral no Paraguai

Como país que compõe o Mercosul, a República do Paraguai tem, na sua estrutura normativa positivada, os regramentos processuais trabalhistas pautados nos seguintes dispositivos:

Existe o Código del Trabajo, expresso na Ley 213 de 15 de junho de 1993. Esse código é norteador de todo o direito material em que se fundamentam as relações entre empregados e empregadores.

Não se pode deixar de citar que o Paraguai possui um Código Processual del Trabajo – Ley 742 de 30 de agosto de 1971 –, que, de forma muito própria, trata dos processos e procedimentos a serem adotados nas causas judiciais de cunho eminentemente trabalhista.

2.2.4 A normatização laboral na República Oriental do Uruguai

Na República Oriental do Uruguai, a legislação trabalhista que dispõe sobre o direito material e processual está esparsa em diversos ordenamentos jurídicos. Aqui buscamos declarar as principais normas:

A Ley 18.065 de 15 de novembro de 2006 dispõe sobre Regular El Trabajo Doméstico. Também existe a Lei de Otorgamiento de Licencia por Estudio a Trabajadores Provados – Ley 18.458 de 30 de dezembro de 2008.

Há, ainda, um ordenamento específico para dispor sobre o Trabalho Sexual – Ley 17.515, publicada em 9 de julho de 2002 –, que dispõe sobre a especificidades desse tema.

As Cooperativas de Producion e Trabajo Asociado também são regulamentadas pela Ley 11.794, publicada em 28 de julho de 2004.

Não se pode deixar de citar a Ley 16.074, que dispõe sobre o seguro de acidentes de trabalho e enfermidades profissionais; a Lei 12.840, que dispõe sobre o saldo anual complementário – Aguinaldo; a Ley 7.318 e o Dec 437/88, que tratam sobre o descanso semanal; o Dec. 242/87, que dispõe sobre o descanso intrajornada; as Leyes 10.489, 10.542, 12.597 e Decreto-Ley 14.188, que dispõem especificamente sobre as demissões.

As disposições de natureza eminentemente processual estão reguladas pelo art. 7º, 54 e 255 da Constituição uruguaia e pelo código processual geral Ley 15.982, além de algumas normas esparsas que compõem a normatividade processual, a saber: a Ley 17.930, Decreto-Lei 14.188, Ley 18.847 que modificou a lei 18.572, também a Ley 16.995, a Ley 18.572, Ley 18.251 e pelo Decreto-Ley 14.500.

O instrumento normativo que dispõe especificamente sobre o direito de pretensão, prescrição, são: Ley 16.906, Ley 18.091 e Lei 16.906

Dispositivos que regem os feriados e a remuneração desses dias não trabalhados estão previsto em: Ley 13.318, Ley 16.154, Decretos Ley 14.352 e 14.378.

A jornada de trabalho está prevista nas Ley 19.028 e Ley 18.441; as horas extraordinárias estão previstas pela Ley 15.996.

O regime que prevê a possibilidade de o trabalhador de usufruir de licença anual está previsto nas seguintes leis: Ley 12.590, Ley 13.556, Decreto-Ley 14.328, Decreto 994/73, Decreto 894/75 e a lei que dispõe sobre licença maternidade – Ley 19.161/2013.

O trabalho em domicílio é regulado pela Ley 13.555/66; o seguro de greve é previsto pelo Decreto-Ley; e o seguro contra enfermidades é positivado no Decreto-Ley 14.407/75.

2.2.5 A normatização laboral na República Bolivariana da Venezuela

A Venezuela é um país que tem sua legislação laboral de forma esparsa e registrada, muitas vezes, apenas pelos nomes de cada legislação, o que diverge dos demais países do Mercosul, que registram suas leis por números. Na Venezuela, apenas os Decretos são registrados com números.

No que toca a legislação trabalhista de cunho material e processual da Venezuela, tem-se a *Ley Organica Procesal del Trabajo* com publicação no Diário Oficial 37.504 de agosto de 2002; a *Ley Orgánica de Prevención, Condiciones y Medio Ambiente de Trabajo,* publicada no Diário Oficial 38.236 em 26 de julho de 2005; também a *Ley Organica del Trabajo,* (Decreto 8.938 de abril de 2012).

Pode-se citar ainda a norma jurídica nominada de *Ley Programa de Alimentacion para los Trabajadores,* publicada no Diário Oficial 36.538 de 15 de setembro de 1998; a *Ley de Reforma Parial de la Ley Orgánica del Trabajo,* publicada no Diário Oficial Extraordinário 6.024, em 6 de maio de 2011; e, por último e não menos importante, o *Reglamento de la Ley Orgánica del Trabajo,* publicado no Diário oficial 38.426 de 28 de abril de 2006.

A legislação processual trabalhista *está positivada através da Ley de Tribunales y de Procedimiento del Trabajo,* publicada no Diário Oficial 26.266 de19 de novembro de 1959.

3

PRINCIPIOS JUSLABORAL

Durante toda a evolução histórica do direito, os princípios estavam presentes firmando e validando os ditames normativos, como a estrutura axiológica, fornecendo a estrutura basilar de todo o ordenamento jurídico.

A história da sociedade construiu-se por lutas e aclames da coletividade, que, por muitas vezes, se iniciaram a partir do desejo das classes trabalhadoras de melhorar suas condições de trabalho. A constante mutabilidade inerente ao homem promove, na sociedade, mudanças significativas que devem ser aparadas pelo direito. O princípio jurídico é que fundamenta a norma a ser aplicada na sociedade, transformando a letra fria da norma em resposta aos anseios da sociedade.

3.1 Concepção dos princípios

É claro que os princípios jurídicos são o pilar do direito e definidos por alguns doutrinadores como essenciais ao ordenamento jurídico. Isto posto, é perceptível de compreensão por meio do asseverado pelo jurista Clever Jatobá (2015, p. 61):

> [...] os princípios são como um feixe de luz a iluminar o caminho a ser percorrido pelo legislador no exercício de sua atividade legiferante, arraigado de imenso conteúdo axiológico de grande abstração, destinado a conceber a essência do texto normativo por ele disciplinado, servindo também como bússola interpretativa indispensável a nortear os operadores do direito, para extração e aplicação da essência da regra legal. Neste contexto, percebe-se que os princípios orientam o legislador à confecção do tecido normativo, assim, constituem a essência, o espírito da regra legal, de tal maneira que se faz indispensável à compreensão do texto normativo pelo aplicador do direito.

Os princípios jurídicos são meios suficientes para que uma norma seja criada com o embasamento moral, ético e de valor, o que lhe promove uma interpretação real e fidedigna daquilo que o legislador pretendeu ao criar a norma. Seja na criação, seja na interpretação ou na aplicação de um dispositivo jurídico, os princípios devem ser observados para que não se promova feridas no direito e o consequente desrespeito aos valores. Assim também é o entendimento de Celso Antônio Bandeira de Mello (2000, p. 748):

> [...] violar um princípio é muito mais grave que transgredir uma norma. A desatenção ao princípio implica ofensa não apenas a um específico mandamento obrigatório, mas a todo sistema de comandos. É a mais grave forma de ilegalidade ou inconstitucionalidade, conforme escalão do princípio atingido, porque representa insurgência contra todo o sistema, subversão de seus valores fundamentais, contumélia irremissível a seu arcabouço lógico e corrosão de sua estrutura mestra.

Na contemporaneidade, tal conceito e importância continuam vigorando quando o assunto são os princípios. Estes possuem seu papel e sua forma definidos de maneira clara, forte e objetiva, sendo, inclusive, considerados como uma das fontes do direito. Sua função lhe permite ser considerado como objeto central do ordenamento jurídico, o que denota a continuidade da importância histórica que esses desempenham perante a sociedade. Além disso, reflete também a consonância com a origem da palavra princípio, a qual é proveniente do latim *principium*, significando começo, origem, base, fundamento.

O princípio é o pilar sustentador, a base do ordenamento jurídico, o alicerce que firma as diretrizes a serem seguidas pelo direito para que se efetive a sua compreensão com a perfeita aplicabilidade, razão pela qual o conhecimento e a utilização desses **é fundamental também na esfera trabalhista.**

3.2 A funcionalidade dos princípios no sistema laboral

O direito do trabalho é um ramo autônomo do direito e, nesta condição, tem reunido todos os requisitos para assim ser considerado. Dentre esses, estão os princípios que ordenam e norteiam a matéria, de forma tal que a faz distinguir de outros ramos do direito. É a estrutura principiológica que valida o ramo do direito, dando-lhe a característica de autônomo.

Além de ser o alicerce que traça as diretrizes a serem seguidas pelo direito para que se efetive a sua compreensão, cabe salientar que o princípio é considerado pela doutrina como fundamento do direito, conforme se verifica no entendimento de Jane Reis Gonçalves Pereira (2010, p. 1036): "A descrição dos princípios como normas dotadas de maior abstração e generalidade, que traduzem os fundamentos do ordenamento jurídico, imprimindo-lhe a característica de sistema".

Assim também entende Alfredo J. Ruprecht (1994, p. 7):

> Los principios del derecho laboral son normas que inspiran la disciplina, tiene por objeto hacer que se apliquen concretamente los fines del Derecho del Trabajo. Son verdaderos principios orientadores, por lo cual preferimos denominarlos principios normativos del Derecho Laboral, ya que dan las pautas necesarias para una justa aplicación de este Derecho, aunque ellos no empece que puedan ser utilizados como medios interpretativos, pero sin ser esa su función principal.

Os princípios possuem uma natureza de estrutura basilar para todo ordenamento jurídico, pois ali nasce o sistema normativo. A violação a um princípio é uma transgressão muito maior do que a afronta a qualquer outra norma. A ofensa a um princípio jurídico causa um dano a todo o sistema de comandos, pois abala a origem do ordenamento, sendo essa a forma mais grave de se praticar a ilegalidade.

Na esfera do direito trabalhista não é diferente, principalmente no que diz respeito ao direcionamento estabelecido pelos princípios. São os princípios trabalhistas que trazem ao direito do trabalho um sentido axiológico, exigindo que a lei, os atos administrativos e as condutas sociais respeitem os limites impostos, de forma tal que todos possam comungar o mesmo espírito e a mesma objetividade das normas.

Os princípios jurídicos, por terem uma natureza basilar, devem ser considerados em todos os aspectos da norma, tanto na sua elaboração quando na sua interpretação, visando, assim, a uma perfeita aplicabilidade.

Nesse sentido, temos a concordância de Jaime C. Lipovetzky (2009, p. 63): "Se denominan principios a los postulados genéricos que deben orientar tanto la elaboración de las leyes, la creación de normas jurídicas autónomas y la estipulación de cláusulas contractuales, como la interpretación y aplicación del Derecho".

A importância dos princípios é grandiosa, de tal forma que é possível encontrar dispositivos expressos, determinando-o como meio de interpretação das normas, a fim de solucionar conflitos, conforme se verifica na lei trabalhista da Argentina, no art. 11 da LCT – Ley del Contrato del Trabajo – Ley 20.744, promulgada em 20 de setembro de 1974.

> Art. 11º. Cuando una cuestión no pueda resolverse por aplicación de las normas que rigen el contrato de trabajo o por las leyes análogas, se decidirá conforme a los principios de la justicia social, a los generales del derecho del trabajo, la equidad y la buena fe.

Na legislação brasileira, também se constata a presença expressa dos princípios como parte de todo ordenamento jurídico, conforme se verifica no art. 5º, § 2º da Constituição Federal Brasileira de 1988.

> Art.5º, §2º. Os direitos e garantias expressos nesta Constituição não excluem outros decorrentes do regime e dos princípios por ela adotados, ou dos tratados internacionais em que a República Federativa do Brasil seja parte.

O sistema jurídico como um todo tem por base os princípios, trazendo-lhe a natureza de valor e o amparo necessário para a elaboração das normas a serem positivadas, além de contribuir na interpretação dos textos e no entendimento das intenções do legislador, além de fundamentar a aplicação de dispositivo legal no seio da sociedade. Isso pode ser vislumbrado na legislação brasileira, por meio do art. 8º da Consolidação das Leis Trabalhistas, promulgada pelo Decreto-Lei 5.452 de 1943.

> Artigo 8º. As autoridades administrativas e a Justiça do Trabalho, na falta de disposições legais ou contratuais decidirão, conforme o caso, pela jurisprudência, por analogia, por equidade e outros princípios e normas gerais de direito, principalmente do direito do trabalho, e, ainda, de acordo com os usos e costumes, o direito comparado, mas sempre de maneira que nenhum interesse de classe ou particular prevaleça sobre o interesse público.

> Parágrafo único. O direito comum será fonte subsidiária do direito do trabalho, naquilo em que não for incompatível com os princípios fundamentais deste.

É nesse contexto que se enquadra o direito do trabalho, o qual, por meio de suas normas e seus princípios, responde aos anseios da coletividade.

3.3 Hermenêutica da principiologia trabalhista

Hermenêutica tem sua etimologia enraizada no grego *hermeneuein*, que, em termos gerais, significa interpretar, buscar a compreensão de um objeto. Acerca do conceito de hermenêutica, o jurista Milton Vasconcelos

(2015, p. 15) esclarece que esta é "o estudo das possíveis formas de se interpretar, tendendo assim a buscar uma compreensão mais objetiva possível da realidade". Frente a esses preceitos, convém destacar que a função e a preocupação dessa forma de se compreender a realidade encontra-se baseada na interpretação e no resultado que esta terá frente ao seu objeto analítico das mais diversas áreas.

Essa postura não é diferente quando estamos diante da hermenêutica na esfera do direito. A hermenêutica jurídica debruça sua atenção no resultado das interpretações de normas, leis e princípios, almejando sempre a aplicabilidade, de modo a gerar benefícios máximos à sociedade em questão. Em ordenamentos jurídicos como o brasileiro e o argentino, denominados de sistemas positivistas, a aplicação da hermenêutica jurídica ultrapassa a barreira da análise dos textos normativos, sendo também utilizada para as questões principiológicas. Frente a isso, Milton Vasconcelos (2015, p. 16) aduz que:

> [...] a interpretação tem como papel marcante a subjetividade, na medida em que cada um tende a dar o sentido e o alcance ao texto de acordo com sua própria pré-compreensão, ou seja, a partir dos próprios valores que traz enquanto ser social. Para o direito tal situação agrava-se pois o advogado, tenderá a interpretar o texto sempre em consonância com os interesses de seu representado, motivo pelo qual sua visão dos fatos será sempre marcada pela parcialidade.

Ainda, como meio de demonstrar a importância hermenêutica frente aos princípios, este doutor jurista ainda esclarece que:

> Nesse sentido é que vem à tona a Hermenêutica Jurídica que propiciará ao intérprete todas as ferramentas para que se possa optar pela melhor e mais adequada interpretação dos fatos, com vistas assim a se alcançar uma noção de direito mais justa, aceitável pois como solução à contenta posta (VASCONCELOS, 2015, p. 16).

Por essa razão, ao dialogar sobre os direitos trabalhistas em suas mais diversas escalas e localidades de competência, é imprescindível analisar e interpretar de forma hermenêutica todas as legislações e os princípios trabalhistas. Isso é posto como meio para obtenção de resultados lídimos, justos e adequados frente a cada caso trabalhista, nos quais o caráter de disparidade entre os envolvidos é preexistente.

3.4 Princípios norteadores do direito e do processo do trabalho

Conforme fora exposto, os princípios, além de serem os pilares que sustentam o ordenamento jurídico de uma sociedade, são os responsáveis pelas diretrizes a serem seguidas e utilizadas, para melhor aplicação, resultado e compreensão do direito. Dessa forma, e ante o amplo campo do direito do trabalho, é necessário elencar os princípios essenciais ao entendimento e à aplicação deste no cenário juslaboral.

3.4.1 Princípio da proteção ao hipossuficiente

O princípio da proteção ao hipossuficiente, também denominado, no direito do trabalho, apenas como princípio da proteção, é a base orientadora e de interpretação das relações jurídicas individuais e coletivas. Ele surgiu como ferramenta no auxílio da supressão das desigualdades vividas ao longo da história da humanidade, no que tange à relação trabalhista. Isso posto, Diogo C. Medina Maia (2011, p. 1118) esclarece que este princípio:

> [...] tem raiz histórica na inferioridade do trabalhador frente ao seu patrão. A inferioridade, por sua vez, não se dá por circunstância exclusivamente econômicas, há vários fatores e aspectos que a caracterizam. Os principais são os emanantes da subordinação do trabalhador. A subordinação jurídica é característica essencial do contrato de trabalho e, por si só, coloca o trabalhador em situação de inferioridade.

Frente a isso, analisa-se essa proteção à luz do direito do trabalho, tendo como justificativa e necessidade o exposto por Gabriel Tosto (2007, p. 77):

> La relación de trabajo se halla caracterizada por la situación de desequilibrio en la ubican los sujetos que la componen. El trabajador constituye el polo más débil de dicha vinculación. Por ello, el derecho ha debido desarrollar principios tendientes a compensar esa desigualdad que no sólo se patentiza en el origen del ligamen, sino que se proyecta durante todo su desarrollo e, incluso, subsiste tras su conclusión.

Pactuando com o asseverado por Tosto, Alfredo J. Ruprecht (1994, p. 11) ele aduz que: "este principio tiene por objeto crear una norma más favorable al trabajador, tratando así compensar las desigualdades económicas y la debilidad de éstos con relación al empleador". Esse doutrinador ainda esclarece que:

> Toda la evolución del Derecho del Trabajo ha sido primordialmente en sentido protector de la clase trabajadora, lo que ha hecho que tenga una peculiar especialidad. El trabajador depende del empleador, no sólo en todo lo que atañe a la tarea que realiza, sino también económicamente y, entonces, es justo, para evitar que quede totalmente sometido, protegerlo contra los posibles excesos o desviaciones de su empleador (RUPRECHT, 1994, p. 13).

De início, cabe salientar que as relações de trabalho são estabelecidas por meio de contratos celebrados em as partes interessadas, devendo este contrato bilateral atender a todos os requisitos impostos pelo direito contratual.

O contrato de natureza trabalhista encontra-se num patamar de especialidade, porque as partes que celebram este termo contratual estão em condições sociais e financeiras distintas. No contrato de trabalho, o empregador, detentor de capital, está num patamar superior ao empregado que carrega em si a condição de subordinação e de dependência daquele que lhe contratou.

Ressalta-se que o empregado trabalha para suster a si e a sua família, o que o coloca numa condição de hipossuficiência perante seu empregador, que, por sua vez, utiliza dessa sua condição superior para explorar a mão de obra.

O indivíduo que está na condição de hipossuficiente não tem o amparo necessário para se autodeterminar e exigir melhores condições de trabalho.

Nesse contexto, surge o princípio da proteção, que tem como meta proteger o hipossuficiente do ardil explorador que se veste da condição de empregador para explorar os menos amparados.

O princípio jurídico da proteção estabelece que, nas relações contratuais de natureza trabalhista, o hipossuficiente seja protegido de tal forma que sua condição natural de inferior não lhe traga nenhum prejuízo, compelindo ainda o empregador a não praticar nenhum ato exploratório ou que diminua os direitos do empregado.

Destaca-se que essa necessidade de proteção para atingir uma equidade diz respeito a todos os tipos de relações empregatícias, devendo também respeitar e estar compatível com a segurança jurídica. Frente a isso, a doutrina brasileira, à luz do asseverado por Diogo C. Medina Maia (2011, p. 1116), diz que o direito do trabalho:

> É regido pela necessidade de se encontrar um ponto de equilíbrio entre as partes do contrato de trabalho, protegendo

o mais fraco, para possibilitar o alcance de uma relação jurídica de igualdade substancial, dentro de suas desigualdades de fato.

Vislumbrando a aplicação prática dos ditames desse princípio, destaca-se o exposto pelo ilustre Alfredo J. Ruprecht (1994, p. 12):

> La suprema Corte de la provincia de Buenos Aires resolvió que los objetivos de la legislación en materia laboral responden a un principio protector al trabajador, cuyo fin es mantener el equilibrio entre las partes por la debilidad de éste frente a su empleador.

Ainda ultrapassando o liame principiológico e versando sobre sua aplicação frente aos ordenamentos jurídicos, destaca-se a Ley del Contrato del Trabajo (20.744), a qual regulamentou as pretensões do princípio em questão, o que pode ser verificado por meio de alguns artigos, também elencados por Gabriel Tosto (2007, p. 87):

> Art. 9º, al consagrar reglas de interpretación y selección normativa a favor del trabajador.
>
> Art. 20, al contemplar la gratuidad de las reclamaciones administrativas y judiciales efectuadas por el trabajador.
>
> Art. 23, en cuanto presume, a favor del trabajador, la existencia del contrato de trabajo ante la sola prestación de tareas.

A Organização Internacional do Trabalho (OIT), órgão que trata da matéria laboral sobre o âmbito internacional, tem buscado a aplicabilidade do princípio da proteção ao hipossuficiente nos mais diversos instrumentos normativos. Não se pode deixar de citar algumas das convenções da OIT, que dispõem especificamente sobre a proteção do trabalhador em face dos meios produtivos.

A Convenção 95, de 1949 trata especificamente da proteção ao salário, como meio de proteger o hipossuficiente. A Convenção 115 de 1960, a Convenção 134 de 1970, a Convenção 136 de 1971, a Convenção 139 de 1974, a Convenção 155 de 1981, a Convenção 164 de 1987, a Convenção 170 de 1990 e a Convenção 174 de 1993 são exemplos objetivos e claros de proteção ao trabalhador hipossuficiente, tanto às questões processuais quanto aos seus direitos materiais, bem como nos temas liados à saúde e segurança do trabalhador.

No intuito de se proteger o hipossuficiente em seus direitos, verifica-se que o princípio jurídico se apresenta nas legislações com diversas roupagens, contudo tendo em si o mesmo objetivo protetivo.

No art. 9º da Código del Trabajo (Ley 213 de 15 de junho de 1993), verificamos que, no intuito de se proteger, o trabalhador:

> Art. 9º. El trabajo es un derecho y un deber social y goza de la protección del Estado. No debe ser considerado como una mercancía. Exige respeto para las libertades y dignidad de quien lo presta, y se efectuará en condiciones que aseguren la vida, la salud y un nivel económico compatible con las responsabilidades del trabajador padre o madre de familia.

A Republica Bolivariana da Venezuela também tem no seu corpo normativo dispositivos que coadunam com o princípio da proteção ao hipossuficiente, conforme se pode verificar na *Ley Orgánica de Prevención, Condiciones y Medio Ambiente de Trabajo,* publicada no Diário Oficial 38.236, em 26 de Julho de 2005. Essa normativa tem por todo o seu conteúdo diversos dispositivos que versam exclusivamente sobre o princípio hora tratado.

A República Oriental do Uruguai também não se encontra alheia a esse princípio, conforme se verifica no corpo de sua lei maior, a Constitucion de La Republica Oriental del Uruguay.

> Artículo 53
>
> El trabajo está bajo la protección especial de la ley.
>
> Todo habitante de la República, sin perjuicio de su libertad, tiene el deber de aplicar sus energías intelectuales o corporales en forma que redunde en beneficio de la colectividad, la que procurará ofrecer, con
>
> preferencia a los ciudadanos, la posibilidad de ganar su sustento mediante el desarrollo de una actividad económica.

Fica claro que a legislação dos países componentes do Mercosul e,, inclusive a legislação emanada da OIT vislumbram em si o princípio da proteção ao hipossuficiente como um meio de viabilizar o labor de forma digna e com equilíbrio contratual a todos aqueles que se enquadram na condição de trabalhador.

3.4.2 Princípio *in dúbio pro operário*

Este princípio trabalhista também se assemelha ao princípio da proteção, porque determina que, se uma norma jurídica é suscetível de várias interpretações, se deve aplicar aquela que traz mais benefícios ao trabalhador, justamente pelo fato de este ser hipossuficiente na relação de contratual trabalhista. Frente a isso, Diogo C. Medina Maia (2011, p. 611) aduz que:

> O escopo da proteção é o operário, seja qual posição ocupe na relação jurídica a ser apreciada. Assim, em qualquer situação o princípio *in dubio pro operário* servirá tanto para estender um benefício como para reduzir um prejuízo. Ou seja, uma vez caracterizada a dúvida sobre a real interpretação da norma jurídica trabalhista, sua aplicação dar-se-á em prol do trabalhador, objeto de sua proteção, indistintamente.

Alfredo J. Ruprecht (1994, p. 17) destaca que:

> Es ésta una demonstración más de las peculiaridades del Derecho del Trabajo, pues en el Común, cuando hay dadas sobre el alcance de una disposición, ésta debe ser siempre interpretada en favor del deudor, mientras que aquí es al contrario: la interpretación debe favorecer al acreedor que es el trabajador.

A legislação trabalhista argentina consignou este princípio nos seus dispositivos legais, especificamente na segunda parte do art. 9º da LCT – Ley del Contrato del Trabajo – Ley 20.744, promulgada em 20 de setembro de 1974: "Si la duda recayese en La interpretación alcance de la ley, o en apreciación de la prueba en los casos concretos, los jueces o encargados de aplicarla se decidirán en el sentido más favorable al trabajador".

Este princípio também pode ser identificado em outras legislações internacionais, tais como: o Código Sustantivo del Trabajo Colombiano, especificamente em seu art. 21, art. 7º do Código o Trabalho Equatoriano (registrado oficialmente pelo n.º 162 de 29 de setembro de 1997), art. 18 da Lei Federal do Trabalho (México) e no art. 2º da Lei Orgânica do Trabalho, promulgada na Venezuela por meio do Gaceta Oficial 5.152 de 1997. Embora a legislação brasileira não possua previsão expressa sobre este princípio, sua aplicação é mais que consolidada frente a seu ordenamento jurídico, tanto pela jurisprudência quanto pela doutrina.

A nomenclatura deste princípio está consignada no idioma do latim. Ressalta-se que este idioma é muito utilizado na atividade jurídica como forma de se expressar a exatidão de um conteúdo, de modo tal que não haja quaisquer dúvidas. O princípio aqui analisado está expresso em latim para que nenhuma interpretação esteja fora do real conteúdo ali consignado.

O termo latino *"in dúbio pró operário"* traduz-se para o português como send "Na dúvida a favor do operário". Já no espanhol, traduz-se como sendo: "duda a favor del empleado". Ou seja, de forma semelhante e sem maiores debates, o referido princípio deixa claro o que se pretende.

Contudo, ressaltamos que tal princípio não deve ser aplicado somente perante as normas de cunho legal mas também deve ser considerado na análise e interpretação das cláusulas que regem o contrato formado entre empregado e empregadores, promovendo, assim, uma maior efetividade na observância deste princípio. Assim também entende Baltasar Cavazos Flores (2006, p. 140), quando declara que, se a dúvida recai sobre prestações contratuais, o trabalhador é quem é favorecido.

Atenção especial deve ser dada ao fato de que este princípio se reserva a ser aplicado nos casos em que, ao analisar a norma jurídica, surjam mais de uma interpretação quanto ao resultado, quanto à aplicabilidade daquele determinado dispositivo normativo. Contudo, este princípio não empresta seu valor para casos em que o julgador não se encontre convencido sobre determinada demanda judicial. Ou seja, considerando que toda decisão judicial deverá ser fundamentada com argumentos e, inclusive, aparada nas provas constantes dos autos judiciais, não servido o presente princípio como meio de solucionar uma demanda judicial apenas porque o julgador estaria em dúvida sobre a possibilidade de conceder ou não um direito ao postulante.

3.4.3 Princípio da aplicação da norma mais favorável

Entende-se que esse princípio dispõe sobre a aplicabilidade das normas jurídicas ao caso concreto, de forma tal que, se houver duas ou mais normas que estabeleçam regulamentações dispares, deverá ser aplicada, no caso concreto, aquela que seja mais favorável ao hipossuficiente da relação trabalhista.

Ocorre que, quando estamos tratando de conflito de normas, não estamos tão somente considerando as leis, mas também as normas estabelecidas em contratos de trabalho e em normas administrativas dos empregadores. Nenhuma norma deve sobrepor-se a outra quando com objetivo de trazer prejuízos para o empregado. Contudo, um cuidado deve ser tomado para que, da análise deste princípio, não se venha a desconsiderar a hierarquia das normas, que foi brilhantemente teorizada por Hans Kelsen.

Ao aplicar o princípio da norma mais favorável, no que se validar a aplicação de uma norma ilegal, deve-se ater para a legalidade, validade e eficácia das normas que se pretende aplicar no caso em concreto. Frente a isso, Alfredo J. Ruprecht (1994, p. 29) esclarece que:

> Al interpretar una norma hay que tomar en consideración lo establecido en el artículo 2º, ley de contrato de trabajo, pues en su primera parte dice que la "vigencia de esta ley quedará condicionada a que la aplicación de sus disposiciones resulte compatible con la naturaliza y modalidades de la actividad de que se trate y con el específico régimen jurídico a que se halle sujeta".

Assim também entende o autor Diogo C. Medina Maia (2011, p. 915):

> É princípio específico do direito do trabalho. Determina que quando houver pluralidade de normas aplicáveis a uma situação jurídica, e com vigência na mesma esfera espaço-temporal, ainda que provenientes de diversas fontes, dever-se-á optar por aplicar aquela que seja mais favorável ao trabalhador.

A legislação argentina é bastante clara e contundente quando insere no seu corpo normativo o princípio da aplicabilidade mais favorável ao trabalhador, uma vez que este a parte hipossuficiente da relação laboral, conforme se verifica no art. 9º da Ley del Contrato de Trabajo.

> Art. 9º - En caso de duda sobre la aplicación de normas legales o convencionales prevalecerá la más favorable al trabajador, considerándose la norma o conjuntos de normas que rija cada una de las instituciones del derecho del trabajo.
>
> Si la duda recayese en la interpretación o alcance de la ley, o en apreciación de la prueba en los casos concretos, los jueces o encargados de aplicarla se decidirán en el sentido más favorable al trabajador.

3.4.4 Princípio da continuidade do contrato de trabalho

O contrato de trabalho é um termo contratual que se equipara ao contrato de natureza cível, devendo ter todos os seus requisitos para a sua validade. Contudo, existem alguns requisitos contratuais que são específicos do contrato laboral.

Umas características específicas do contrato de trabalho é o trato sucessivo, ou seja, ele tem uma continuidade que lhe concede um prazo de vigência como sendo indeterminado. Ou seja, um contrato de trabalho tem no seu bojo a data de início, porém, pelo princípio da continuidade do contrato, ele não terá prazo determinado para alcançar termo.

Verifica-se a existência do princípio da continuidade no art. 10 da LCT (Ley del Contrato de Trabajo): "Art. 10º - En caso de duda las situaciones deben resolverse en favor de la continuidad o subsistencia del contrato".

Este princípio possibilita que o contrato de trabalho seja mantido mesmo nos casos em que os contratos de natureza puramente cível caducariam, mantendo-se vigente e garantindo ao trabalhador e ao empregador a certeza de que o contrato tem validade e eficácia.

Cabe salientar que, pelo fato de haver o princípio da continuidade do contrato, este é tido pelo ordenamento jurídico como uma regra, inclusive expressa na legislação brasileira por meio da Súmula 212 do Tribunal Superior do Trabalho brasileiro:

> Súmula n.º 212 do TST - ônus de provar o término do contrato de trabalho, quando negados a prestação de serviço e o despedimento, é do empregador, pois o princípio da continuidade da relação de emprego constitui presunção favorável ao empregado.

Contudo, essa regra estabelecida pelo Princípio da Continuidade do contrato de trabalho comporta exceções que devem ser expressas pela legislação.

No Brasil, podemos citar o art. 445, parágrafo único, e o art. 451, da Consolidação das Leis do Trabalho – CLT, que consigna como exceção a esse princípio o contrato por tempo determinado com o objetivo de experiência profissional, em que empregado e empregador experimentam a atividade laboral e produtiva, respectivamente, estando o contrato findo na data prevista ou, até mesmo, podendo transformar-se num contrato por tempo indeterminado.

Assim dispõe a Consolidação das Leis do Trabalho do Brasil - Decreto-Lei 5.452 de 1º de maio de 1943:

> Art. 445. O contrato de trabalho por tempo determinado não poderá ser estipulado por mais de 2 (dois) anos, observada a regra do art. 451.

> Parágrafo Único. O contrato de experiência não poderá exceder de 90 (noventa) dias.

> Art. 451. O contrato de trabalho por prazo determinado, que tácita ou expressamente, for prorrogado mais de uma vez, passará a vigorar sem determinação de prazo.

A legislação trabalhista da Argentina também tem, no seu corpo de normas, um dispositivo semelhante ao brasileiro supracitado, conforme se verifica na art. 93 da Ley 20.744, Ley del Contrato de Trabajo – LCT, promulgada em 20 de setembro de 1974: "Art. 93º - El contrato de trabajo a plazo fijo durará hasta el vencimiento del plazo convenido, no pudiendo celebrarse por más de cinco (5) años".

A fundamentação real para a aplicabilidade deste princípio está no fato de que ele traz uma segurança econômica aos empregados, que poderão concentrar-se no seu trabalho sem se preocupar com a peleja por um novo trabalho no amanhã. Quem bem definiu a real função da aplicabilidade deste princípio foi Antônio Vazquez Vialard (1999, p. 134):

> Esta característica del contrato concede al empleado una seguridad, no sólo económica (saber que tiene asegurados ingresos en el futuro), sino también de carácter psicológico (ocupación fija, lo cual le evita los problemas propios del desempleo, con su frustración consiguiente), por su incorporación a la empresa a la que se integra. En la actualidad, en las diversas legislaciones, como consecuencia de la situación que afecta a los mercados de trabajo y, en especial, del fenómeno de la desocupación, se insinúa una tendencia a admitir la concertación de contratos de trabajo por tiempo determinado (atípicos), a veces, como una forma de "fomentar el empleo".

Ressalta-se que a regra do direito trabalhista é que todos os contatos de laborais sejam regidos pelo princípio da continuidade, ou seja, não terá prazo determinado para o fim, somente poderá haver exceções ao princípio quando houver expressa determinação pela norma jurídica.

3.4.5 Princípio da primazia da realidade

No direito do trabalho, há uma maior valoração à realidade vivida pelo trabalhador, de forma tal que a verdade material tem maior força sobre a verdade formal. Ou seja, nas palavras do ilustre Alfredo J. Ruprecht (1994, p. 117): "este princípio consiste en la primacía de la realidad sobre los hechos consignados por escrito en el contrato". O implemento deste princípio no sistema jurídico apenas evita danos ao empregado, que é a parte mais frágil da relação trabalhista.

O empregado, enquanto hipossuficiente, não tem a capacidade técnica de analisar as cláusulas do contrato de trabalho com mesmo primor de um jurista experimentado. A essa situação repudiada se agrega o fato de o empregado naturalmente se submeter às mais diversas cláusulas laborais, pois, na sua condição inconteste de hipossuficiente, esse é o único caminho para a sobrevivência pessoal e de sua família.

Diante da condição inferior do empregado, surge o empregador, que usa sua superioridade para determinar cláusulas contratuais que não correspondem com o que de fato se executa do contrato.

Para amparar o empregado e evitar que o hipossuficiente seja lesado em seus direitos, o princípio da primazia da realidade cuida das relações contratuais para que os empregados, de fato, tenham adimplidos seus créditos perante o empregador, com base na realidade material, e não mais fundado nos termos contratuais que traduzem apenas uma verdade formal.

Pelo princípio da primazia da realidade, os créditos trabalhistas devem fundar-se nos fatos acontecidos durante a duração do vínculo laboral, não buscando fundamento apenas nos documentos que porventura traduzem inverdades.

Esse entendimento também é fomentado pelo grande jurista argentino Dr. Julio Armando Grisolia (2011, p. 134):

> Este principio otorga prioridad a los hechos, es decidir, a lo que efectivamente ha ocurrido en la realidad, sobre las formas o apariencias o lo que las partes han convenido: el contrato de trabajo es un contrato-realidad.
>
> Prescinde de las formas para hacer prevalecer lo que realmente sucedió.

O direito positivado tem recepcionado este princípio em seus instrumentos normativos, conforme se verifica na lei trabalhista da Argentina, no art. 14 e 23 da LCT – Ley del Contrato del Trabajo – Ley 20.744, promulgada em 20 de setembro de 1974.

> Art.14.- Será nulo todo contrato por el cual las partes hayan procedido con simulación o fraude a la ley laboral, sea aparentando normas contractuales no laborales, interposición de personas o de cualquier otro medio. En tal caso, la relación quedará regida por esta ley.
>
> Art. 23.- El hecho de la prestación de servicios hace presumir la existencia de un contrato de trabajo, salvo que por

las circunstancias, las relaciones o causas que lo motiven se demostrase lo contrario. Esa presunción operará igualmente aún cuando se utilicen figuras no laborales, para caracterizar al contrato, y en tanto que por las circunstancias no sea dado calificar de empresario a quien presta el servicio.

3.4.6 Princípio da irrenunciabilidade do direito do trabalho

O princípio da irrenunciabilidade do direito do trabalho é caracterizado como sendo uma forma de garantir ao trabalhador hipossuficiente de não promover atitudes de renúncia, que possam ferir as condições e garantias básicas inerentes ao trabalhador.

Tanto a legislação brasileira quanto a argentina são claras em determinar que o direito do trabalho é irrenunciável, ou seja, não se pode dispor desse direito por mero interesse daqueles envolvidos na relação laboral. A aplicabilidade da norma laboral, assim como o direito nela contido, é cogente e não pode deixar de ser aplicada, mesmo que as partes assim desejem.

Para um melhor entendimento do real sentido deste princípio, pode--se interpretá-lo como sendo o princípio da indisponibilidade do direito, justamente pelo fato de o direito do trabalho não ser um objeto ao qual possa dispor-se. Ou seja, ao tratarmos da irrenunciabilidade, estamos coadunando com a ideia de que a indisponibilidade está presente na norma juslaboral. O direito do trabalho, ao ser principiologicamente considerado como indisponível, tem em si a carga da irrenunciabilidade, pois, quando o direito se torna indisponível, necessariamente não se pode abrir mão de sua aplicabilidade, não se pode renunciá-lo.

O grande jurista brasileiro Mauricio Godinho Delgado dispõe, no livro *Curso de Direito do Trabalho*, na sua 15ª edição (2016, p. 204):

> O presente princípio é a projeção do anterior, referente à imperatividade das regras trabalhistas. Ele traduz a inviabilidade técnico-jurídica de poder o empregado despojar-se, por sua simples manifestação de vontade, das vantagens e proteções que lhe asseguram a ordem jurídica e o contrato.
>
> A indisponibilidade inata ao direito trabalhista constitui-se talvez no veículo principal utilizado pelo direito do trabalho para tentar igualizar, no plano jurídico, a assincronia clássica existente entre os sujeitos da relação socioeconômica da relação do emprego. O aparente contingenciamento da

liberdade obreira que resultaria da observância desse princípio desponta, na verdade, como o instrumento hábil a assegurar a efetiva liberdade no contexto da relação empregatícia: é que aquele contingenciamento atenua ao sujeito individual obreiro a inevitável restrição de vontade que naturalmente tem perante o sujeito coletivo empresarial.

É comum à doutrina valer-se da expressão irrenunciabilidade dos direitos trabalhistas para enunciar o presente princípio. Seu é o mesmo já exposto, apenas adotando-se diferente epíteto.

A legislação laboral argentina é clara quando determina a observância da irrenunciabilidade dos direitos trabalhistas, conforme se verifica no art. 12 da LCT (Ley del Contrato de Trabajo):

Será nula y sin valor toda convención de partes que suprima o reduzca los derechos previstos en esta ley, los estatutos profesionales, las convenciones colectivas o los contratos individuales de trabajo, ya sea al tiempo de su celebración o de su ejecución, o del ejercicio de derechos provenientes de su extinción.

Cabe salientar que o direito do trabalho, por ser essencial às boas relações laborais, caso seja renunciado tal renúncia se torna nula, conforme se verifica no supracitado art. 12 da LCT (Ley del Contrato de Trabajo), pois a renúncia, além de ferir o princípio objeto deste estudo, fere a própria norma. Vejamos, no Brasil, o art. 9º da CLT (Consolidação das Leis do Trabalho), Decreto-Lei 5.452 de 1943: "Art. 9º. Serão nulos de pleno direito os atos praticados com o objetivo de desvirtuar, impedir ou fraudar a aplicação dos preceitos contidos na presente Consolidação".

Não só a norma juslaboral argentina coaduna com a norma brasileira. No que tange ao princípio da irrenunciabilidade, os doutrinadores também são unânimes quando tratam sobre a importância desse princípio, inclusive no que tange à sua nomenclatura com interrelação com a indisponibilidade da norma laboral. Vejamos o que declara o grande e brilhante jurista argentino, Julio Aramando Grisolia, no seu livro *Derecho del Trabajo y de la Seguridade Social* (2011, p. 111, tomo I):

Hay distintas teorías que pretenden fundamentar la existencia del principio de irrenunciabilidad; sin entrar en disquisiciones doctrinales, cabe afirmar que se basa en la imperatividad de muchas de las normas laborales y, concretamente, en el orden

> público laboral que no puede ser vulnerado: no cabe disminuir ni anularlos beneficios establecidos en dichas normas.
>
> En sentido amplio, se ha definido doctrinariamente la irrenucniabilidad como la impossibilidad jurídica del trabajador de privarse voluntariament de una o más ventajas concedidas por el derecho del trabajo en su beneficio.
>
> Para entender el alcance del principio de irrenunciabilidade, previamente se debe recordar que la voluntad de las partes del contrato individual está contenida dentro del marco obligatorio conformado por normas heterónomas (ajenas) y cambiantes (sujeitas a permanentes modificaciones).
>
> El derecho del trabajo considera que cuando el trabajador renuncia a un derecho, lo hace por falta de capacidad de negociación o por ignorancia, forzado por la desigualdad jurídico-económica existente con el empleador.

Deve-se ponderar que a simples celebração de acordos judiciais ou extrajudiciais entre empregados e empregadores não é necessariamente renúncia de direitos, até mesmo porque, para que ocorra a celebração de um acordo, a norma prevê a necessária homologação por parte de autoridade judicial ou administrativa, como representante do Estado. Vejamos o art 15, também da LCT:

> Los acuerdos transaccionales, conciliatorios o liberatorios sólo serán válidos cuando se realicen con intervención de la autoridad judicial o administrativa, y mediare resolución fundada de cualquiera de ésta que acredite que mediante tales actos se ha alcanzado una justa composición de los derechos e intereses de las partes.
>
> Sin perjuicio de ello, si una o ambas partes pretendieren que no se encuentran alcanzadas por las normas que establecen la obligación de pagar o retener los aportes con destino a los organismos de la seguridad social, o si de las constancias disponibles surgieren indicios de que el trabajador afectado no se encuentra regularmente registrado o de que ha sido registrado tardíamente o con indicación de una remuneración inferior a la realmente percibida o de que no se han ingresado parcial o totalmente aquellos aportes y contribuciones, la autoridad administrativa o judicial interviniente deber remitir las actuaciones a la Administración Federal de Ingresos Públicos con

el objeto de que la misma establezca si existen obligaciones omitidas y proceda en su consecuencia.

La autoridad judicial o administrativa que omitiere actuar del modo establecido en esta norma quedará incursa en grave incumplimiento de sus deberes como funcionario y será, en consecuencia, pasible de las sanciones y penalidades previstas para tales casos.

En todos los casos, la homologación administrativa o judicial de los acuerdos conciliatorios, transaccionales o liberatorios les otorgar la autoridad de cosa juzgada entre las partes que los hubieren celebrado, pero no les hará oponibles a los organismos encargados de la recaudación de los aportes, contribuciones y demás cotizaciones destinados a los sistemas de la seguridad social, en cuanto se refiera a la calificación de la naturaleza de los vínculos habidos entre las partes y a la exigibilidad de las obligaciones que de esos vínculos se deriven para con los sistemas de seguridad social.

Essa situação, em que acordos devam ser homologados por autoridade judicial ou administrativa, também está presente na norma laboral brasileira, conforme se verifica no art. 846, §1º e 863 da consolidação das leis do trabalho:

Art. 846 - Aberta a audiência, o juiz ou presidente proporá a conciliação.

§ 1º - Se houver acordo lavrar-se-á termo, assinado pelo presidente e pelos litigantes, consignando-se o prazo e demais condições para seu cumprimento.

Art. 863 - Havendo acordo, o Presidente o submeterá à homologação do Tribunal na primeira sessão.

Não se pode olvidar quanto à existência do art. 277 da norma laboral argentina, LCT, que dispõe sobre o fato de que, para um trabalhador desistir de uma demanda judicial de cunho laboral, ainda assim depende da necessária apreciação do juízo, como forma de garantir ao máximo que o trabalhador tenha acesso a seus direitos e que, mesmo que haja a possibilidade de se desistir de uma ação judicial, ainda assim o juízo estará atuante como forma de resguardar a ele seus direitos irrenunciáveis.

Devemos salientar que desistir de uma demanda judicial não se configura uma renúncia do direito laboral, e, sim, uma desistência de persecução desse direito. Deve-se considerar que, mesmo existindo a desistência de uma ação judicial, ainda assim o direito laboral existirá e será irrenunciável.

Vejamos que o art. 277 da LCT (ley del Contrato del Trabajo) dispõe sobre a verdade aqui dita: "El desistimiento por el trabajador de acciones y derechos se ratificará personalmente en el juicio y requerirá homologación".

É necessário esclarecer que o direito do trabalhador, em sua maioria, repercute em credito monetário, ou seja, o direito ao salário naturalmente se transforma no próprio conteúdo monetário, denominado salário.

Ocorre que, em diversos acordos rescisórios, se constata que o crédito percebido pelo trabalhador, por muitas vezes, é inferior ao que ele teria direito se sua demanda fosse apreciada de forma correta. Contudo, isso não se enquadra como uma suposta renúncia de direitos trabalhista. Mesmo que o trabalhador delibere perante um juiz em firmar acordo com o seu empregador, ainda assim, ser-lhe-á garantido que conste como pago aquele direito pelo qual optou por acordar quanto ao valor que receberá de crédito. Ou seja, de forma clara, o acordo é firmado apenas quanto ao crédito ao qual o direito se expressa.

Partindo da premissa real de que o direito do trabalho é irrenunciável, caso, na ata de acordo judicial, não conste o direito laboral de forma específica, esse mesmo direito poderá ser objeto de nova demanda, tudo porque, de fato ele, é irrenunciável. Receber créditos inferiores ao que deveria não é exceção à expressão real do princípio da irrenunciabilidade do direito do trabalho.

A irrenunciabilidade do direito trabalhista é apenas uma expressão real de como o sistema jurídico busca equilibrar a relação existente entre empregados e empregadores, relação que naturalmente é tida por desigual, principalmente por questões que envolvem diretamente a hipossuficiência do trabalhador e a capacidade econômica do empregador que também é detentor dos meios produtivos.

3.4.7 Princípio da celeridade processual

No ordenamento jurídico brasileiro, a celeridade processual é um princípio originariamente constitucional, especificamente à luz do art. 5º, LXXVIII da Constituição Federal de 1988, o qual aduz que "a todos, no âmbito judicial e administrativo, são assegurados a razoável duração do processo e os meios que garantam a celeridade de sua tramitação". O Código de Processo Civil Brasileiro, Lei 13.205 de 2015, também versa sobre este princípio, ao dispor, em seu art. 139, caput e inciso II, que: "o juiz dirigirá o processo conforme as disposições deste Código, incumbindo-lhe: [...] II – velar pela duração razoável do processo;". Isto é posto com o intuito de garantir a utilidade do resultado alcançado ao fim da demanda.

Versando sobre o princípio da celeridade processual aplicada à Justiça do Trabalho brasileira, tem-se que destacar os institutos desenvolvidos pela norma celetista, a fim de garantir maior celeridade e acesso dos emprega-dos aos seus direitos. Exemplifica-se tais institutos por meio dos ritos no processo do trabalho, os quais ensejam maior rapidez. O primeiro desses é o sumaríssimo, o qual é caracterizado por possuir audiências simplificadas, abarcar causas com valor de até dois salários mínimos e serem de única ins-tância, ou seja, inaptos à impetração de recursos. O segundo rito em questão é denominado de sumário e, em linhas gerais, vigorará com audiências na modalidade uma, tendo seus litígios solucionados no prazo de 15 dias, a contar da data para propositura da ação.

Já no plano internacional, este princípio pode ser identificado nos pressupostos do Pacto Internacional sobre Direitos Civis e Políticos, res-pectivamente, no art. 14, parágrafo 3º, alínea c), o qual dita que "toda pessoa acusada de um delito terá direito, em plena igualdade, a, pelo menos, as seguintes garantias: [...] c) de ser julgado sem dilações indevidas", assim como no art. 8º do Pacto de São José da Costa Rica (1969):

> [...] toda pessoa terá direito de ser ouvida, com as devidas garantias e dentro de um prazo razoável, por um juiz ou Tribunal competente, independente e imparcial, estabelecido anteriormente por lei, na apuração de qualquer acusação penal formulada contra ela, ou na determinação de seus direitos e obrigações de caráter civil, trabalhista, fiscal ou qualquer outra natureza.

Este princípio vigora com o intuito de evitar delongas desnecessárias aos procedimentos judiciários em suas diversas áreas. No que tange à esfera trabalhista, por estarmos diante de pleitos considerados essenciais à vida humana, pois tem natureza salarial, a aplicação do princípio da celeridade processual é extremamente necessária e importante.

4

A RELAÇÃO DE TRABALHO E OS ELEMENTOS QUE CARACTERIZAM O CONTRATO

Contrato de trabalho é o pacto firmado pelo empregado e pelo empregador mediante o qual ajustam os interesses, os direitos e as obrigações recíprocas. Essa definição é complementada com o asseverado no art. 442 da Consolidação das Leis Trabalhistas, que afirma que: "Contrato de trabalho é o acordo tácito ou expresso, correspondente à relação de emprego".

A importância do contrato deve-se ao fato de vincular indivíduos juridicamente desimpedidos, ou seja, pessoas livres, que não estão ligadas umas às outras por relações extravolitivas, como ocorria com os escravos[1]. Mesmo que se saiba que essa liberdade contratual é instável, o indivíduo, ao celebrar os atos jurídicos da sociedade, é visto como um ser livre. Sendo assim, o contrato é visto como um modo de realização do exercício privado da liberdade e da vontade.

Toda a estrutura do direito do trabalho, assim como do processo do trabalho, tem em si elementos que o caracterizam na sua forma de ser. Esses elementos são, em verdade, a essência caracterizadora do pacto laboral firmado entre o empregador e o trabalhador, devendo sempre estar associado à dignidade da pessoa humana.

4.1 Pessoa física

Uma característica essencial à celebração do contrato de trabalho é que o indivíduo contratado a prestar serviço, mão de obra, deve ser necessariamente uma pessoa física. Não é visível, na estrutura jurídica dos países tidos por estados democráticos e de direito, que um trabalhador seja configurando como uma pessoa jurídica.

---

[1] A relação existente entre o trabalhador escravizado e o tomador de sua mão de obra, possuía natureza de contrato de propriedade de bem, onde o escravo era a propriedade sem quaisquer liberdades, tendo em suas obrigações laborais a extirpação do caráter volitivo. (Cleudison Bastos)

Uma pessoa física é uma pessoa natural, isto é, todo indivíduo (homem ou mulher), desde o nascimento até a morte. Ou seja, de forma clara e objetiva, podemos destacar que o contrato de trabalho visa a ter na pessoa contratada para prestar serviço a possibilidade real de se explorar a energia do trabalho humano. Tão certo, somente a pessoa física, pessoa natural, pode figurar num contrato como sendo um trabalhador.

Cabe salientar que o requisito de o trabalhador ser uma pessoa física não se aplica apenas ao contrato de emprego. Em verdade, aplica-se a toda e qualquer modalidade de trabalho. Esse entendimento também é coadunado pelo jurista Ricardo Resende, no seu livro *Direito do trabalho esquematizado* (2014, p. 66):

> O primeiro requisito para a caracterização da relação de emprego é que exista a exploração da energia do trabalho humano. Em outras palavras, só a pessoa natural (pessoa física) pode ser empregada, do que decorre que uma pessoa jurídica não será, em nenhuma hipótese, empregada.
>
> Finalmente, cumpre ressaltar que, também nas demais modalidades de relação de trabalho, a execução dos serviços é obrigatoriamente realizada por pessoa física, razão pela qual este requisito não é exclusivo da relação de emprego.

Na legislação brasileira, vislumbra-se a exigência da pessoa física como trabalhador, no art. 3º da Consolidação das Leis Trabalhistas: "Considera-se empregado toda pessoa física que prestar serviços de natureza não eventual a empregador, sob a dependência deste e mediante salário" (BRASIL, 1943, p. 1).

Na legislação trabalhista argentina, especificamente na Ley Del Contrato de Trabajo, em seu art. 21, também podemos vislumbrar a exigência de pessoa física como necessária à condição de trabalhador.

> Habrá contrato de trabajo, cualquiera sea su forma o denominación, siempre que una persona física se obligue a realizar actos, ejecutar obras o prestar servicios en favor de la otra y bajo la dependencia de ésta, durante un período determinado o indeterminado de tiempo, mediante el pago de una remuneración. Sus cláusulas, en cuanto a la forma y condiciones de la prestación, quedan sometidas a las disposiciones de orden público, los estatutos, las convenciones colectivas o los laudos con fuerza de tales y los usos y costumbres.

Pode-se, assim, concluir que o caráter de pessoa física, exigível aos contratos de trabalho, é essencial na formação da estrutura válida do contrato e item consolidado nos ordenamentos jurídicos em questão.

4.2 O empregado e seu caráter de personalíssimo no contrato laboral

O caráter personalíssimo exigível à condição de trabalhador, como parte do contrato de trabalho, remete ao verbete em latim *"intuitu personae"*, do qual se pode extrair a essência do significado da palavra.

O autor Ricardo Resende deixa claro, na sua interpretação sobre esse tema, o que vem a ser o caráter personalíssimo (2014, p. 67):

> A relação de emprego é marcada pela natureza intuitu personae, do empregado em relação ao empregador. Em tradução livre, *intuitu personae*, significa "em razão da pessoa". Isso quer dizer que o empregador contrata o empregado para que este lhe preste serviços pessoalmente, sendo vedado ao empregado se fazer substituir por outro.

Essa característica, porém, somente diz respeito ao empregado, pois o empregador pode fazer-se substituir caso ocorra uma sucessão entre os donos da empresa empregadora, também denominada de sucessão trabalhador, prelecionada nos arts. 448 e 448-A da CLT. Para esse caso específico, vigora a não existência de caráter personalíssimo da figura do empregador, cujos contratos continuarão incólumes com a referida sucessão de empresas.

De forma bastante objetiva, contrato *intuito personae* é aquele em que a pessoalidade é importante, de forma tal que podemos associar a ideia de fungibilidade à figura do empregado. Portanto, pode-se compreender o caráter personalíssimo com sendo a caraterística inerente ao trabalhador, em que este, ao pactuar num vínculo laboral, deve prestar sua mão de obra de forma pessoal, não podendo fazer-se substituir no seu contrato de trabalho. Ou seja, o contrato de trabalho nasce e morre contendo o mesmo empregado como parte contratada.

4.3 Habitualidade no labor

O labor a ser prestado pelo trabalhador, especialmente na modalidade de emprego, deve ser feito de maneira não eventual, ou seja, com o caráter de habitualidade, o que gera a natural certeza de que haverá continuidade à prestação do serviço feito pelo trabalhador.

Habitualidade, desse contexto, estaria ligada à possibilidade de existência de previsibilidade de que no futuro, próximo e até indeterminado, possa vislumbrar-se a continuidade da prestação do labor. Ou seja, existindo habitualidade na prestação de serviço laboral, o trabalhador e empregador estão cientes, mesmo que de forma tácita, de que não é necessário convocar o trabalhador para estar no seu posto de trabalhado no dia seguinte, pois, habitualmente e continuamente, o labor deve ser prestado e, assim, pactuado.

De acordo com Sergio Pinto Martins (2012, p. 139):

> No contrato de trabalho, há a habitualidade, regularidade na prestação dos serviços, que na maioria das vezes é feita diariamente, mas poderia ser de outra forma, por exemplo: bastaria que o empregado trabalhasse uma vez ou duas por semana, toda vez no mesmo horário, para caracterizar a continuidade da prestação de serviços.

Contudo, quanto ao tema, continuidade de contrato de trabalhado e especificamente quanto ao contrato de trabalho por tempo indeterminado, este será tratado em um tópico específico.

4.4 Continuidade

No que se refere à característica da continuidade do contrato de trabalho, este tem como mister determinar que o labor seja contínuo de forma que seja indeterminado o seu fim.

Em verdade, essa característica visa à manutenção da atividade laboral, como uma forma de se manter também os benefícios que o labor traz para o trabalhador, empregador e Estado. Deve-se salientar que o trabalhador tem como resultado de seu labor o beneficio da remuneração. O empregador, por sua vez, tem no labor de seu empregado o beneficio de usufruir do lucro oriundo da mão de obra prestada. Já o Estado que regula as relações laborais obtém o beneficio de receber a tributação equivalente à atividade econômica desemprenhada pelo empregador.

De acordo com Sergio Pinto Martins (2012, p. 139):

> Um dos requisitos do contrato de trabalho é a continuidade na prestação do serviço, pois aquele pacto é um contrato de trato sucessivo, de duração, que não se exaure numa única prestação, como ocorre com a venda e compra, em que é pago o preço e entregue a coisa.

Pode-se entender sob essa ótica que, com a manutenção por tempo indeterminado do contrato de trabalho, também se buscará que os beneficiários desse contrato possam usufruir dos benefícios por tempo indeterminado e de forma contínua. Esse entendimento também é presente na legislação argentina, conforme é possível vislumbrar na redação do art. 90 da Ley del Contrato de Trabajo, que assevera:

> **Art. 90. — Indeterminación del plazo.**
>
> El contrato de trabajo se entenderá celebrado por tiempo indeterminado, salvo que su término resulte de las siguientes circunstancias:
>
> a) Que se haya fijado en forma expresa y por escrito el tiempo de su duración.
>
> b) Que las modalidades de las tareas o de la actividad, razonablemente apreciadas, así lo justifiquen.
>
> La formalización de contratos por plazo determinado en forma sucesiva, que exceda de las exigencias previstas en el apartado b) de este artículo, convierte al contrato en uno por tiempo indeterminado.

Dessa forma, é possível perceber que a continuidade do contrato do trabalho é característica inerente somente à relação de trabalho em contratos firmados no Brasil, mas também em outros países.

4.5 Subordinação

Outra característica essencial para consideração do indivíduo como empregado é a existência da subordinação, a qual, segundo Martins (2012, p. 140), "encontra-se também a origem da palavra subordinação em sub (baixo) ordine (ordens), que quer dizer estar debaixo de ordens, estar sob as ordens de outrem".

A subordinação nada mais é do que a submissão jurídica do empregado perante o empregador, no que tange à relação trabalhista. Ou seja, o empregado é dependente de seu empregador frente às instruções de como executar seu serviço, à jornada de trabalho e ao local de execução de suas tarefas. Em outras palavras, Sergio Pinto Martins (2012, p. 140) declara que:

> Subordinação é a obrigação que o empregado tem de cumprir as ordens determinadas pelo empregador em decorrência do contrato de trabalho. É no estado jurídico que se encontra o empregado em relação ao empregador. É o objeto do contrato de trabalho.

Consoante a isso, Ricardo Resende (2014, p. 71) preleciona que:

> A subordinação é o requisito mais importante para a caracterização da relação de emprego. Constitui o grande elemento diferenciador entre a relação de emprego e as demais relações de trabalho, apresentando inquestionável importância na fixação do vínculo jurídico empregatício.

Dessa forma, conclui-se que a subordinação, além de elemento essencial à relação empregatícia também é um objeto norteador do contrato de trabalho. O ordenamento jurídico argentino trata a subordinação no teor do art. 21 da LCT, o qual dispõe que:

> Art. 21: Habrá contrato de trabajo, cualquiera sea su forma o denominación, siempre que una persona física se obligue a realizar actos, ejecutar obras o prestar servicios en favor de la otra y bajo la dependencia de ésta, durante un período determinado o indeterminado de tiempo, mediante el pago de una remuneración. Sus cláusulas, en cuanto a la forma y condiciones de la prestación, quedan sometidas a las disposiciones de orden público, los estatutos, las convenciones colectivas o los laudos con fuerza de tales y los usos y costumbres.

Conforme é possível vislumbrar na transcrição legislativa supramencionada, há subordinação no contrato de trabalho, uma vez que a pessoa física se obriga a realizar atos em favor de outra pessoa, sob dependência desta. Podemos entender que o caráter de subordinação descrito na lei argentina encontra-se tanto nas diretrizes emanadas do empregador para realização dos atos laborais como nas condições do trabalho.

4.6 Onerosidade

A relação empregatícia iniciada mediante contrato de trabalho compõe-se basicamente de dois atos: a prestação do serviço pelo empregado e a contraprestação pecuniária, denominada de remuneração em sua completude, ou, de forma mais simples, o salário. De acordo com o Dicionário da Língua Portuguesa Silveira Bueno (1996, p. 589), salário é "s. m. Preço do trabalho; pagamento; ordenado". Em consonância a essa definição, André Luiz Paes de Almeida (2013, p. 90) descreve que: "salário é a contraprestação percebida pelo empregado em troca do serviço prestado; remuneração é a soma de todas as parcelas recebidas pelo empregado, dentre elas o salário, a gorjeta, os adicionais, etc.".

O salário é direito constitucional garantido a todos os trabalhadores urbanos e rurais por meio da Carta Magna Brasileira, especificamente no art. 7º, VII, dessa norma. Além desse dispositivo legal, a norma celetista brasileira também aborda sobre esse tema apesar de não definir expressamente o salário. Isto ocorre à luz do art. 457 da CLT, o qual expõe que:

> Art. 457 Compreende-se na remuneração do empregado, para todos os efeitos legais, além do salário devido e pago diretamente pelo empregador, como contraprestação do serviço, as gorjetas que receber.
>
> §1º Integram o salário não só a importância fixa estipulada, como também as comissões, percentagens, gratificações ajustadas, diárias para viagens e abonos pagos pelo empregador.
>
> [...] §3º Considera-se gorjeta não só a importância espontaneamente dada pelo cliente ao empregado, como também aquela que for cobrada pela empresa ao cliente, como adicional nas contas, a qualquer título, e destinada a distribuição aos empregados.

Além de ser a contrapartida pelo serviço prestado, o salário e a remuneração refletem o instrumento utilizado pelo trabalhador para conseguir meios mínimos de sobrevivência digna. Tão logo, além de ser o valor pago em decorrência do labor de um empregado, o salário, ou seja, a onerosidade decorrente do labor, é mais um dos elementos essenciais à relação empregatícia. Convém ainda salientar que esse elemento é preponderante, e sua ausência desconfigura a relação empregatícia, podendo tornar o labor mero trabalho voluntário ou, de forma extrema, trabalho escravo.

Esse aspecto é encontrado de forma clara e expressa no art. 21 da LCT (Ley del Contrato de Trabajo – Argentina), supramencionado, tendo em vista que a redação desse instrumento legal postula que haverá contrato de trabalho quando o labor for prestado, dentre outras características, "mediante el pago de una remuneración".

4.7 Poder diretivo do empregador

A norma brasileira, consolidada ao iniciar seus postulados sobre as leis trabalhistas, anuncia que empregador será todo aquele que assumir os riscos da atividade econômica, admitindo, assalariando e dirigindo a prestação pessoal de serviços. Ou seja, além de assumir riscos, admitir e assalariar, o empregador também deverá realizar o poder diretivo sob seus empregados.

Poder diretivo nada mais é do que o poder de comandar, organizar, controlar todos os elementos componentes da atividade econômica por ele desempenhada, inclusive podendo aplicar penalidades. De acordo com Sergio Pinto Martins (2012, p. 216), poder diretivo nada mais é do que "a forma como o empregador define como serão desenvolvidas as atividades do empregado decorrentes do contrato de trabalho". Essa regência a ser desenvolvida pelo empregador comporta o poder de organizar, controlar e disciplinar todos os itens da relação empregatícia.

O poder de organizar é definido por Martins (2012, p. 217) como "o direito de organizar seu empreendimento, decorrente até mesmo do direito de propriedade." É a capacidade do empregador de definir qual segmento econômico seguirá, além do porte da empresa, da quantidade de funcionários, das técnicas a serem desenvolvidas, do local de atuação, entre outros. Na legislação argentina, essa característica do empregador está elencada no art. 64 da LCT, o qual preleciona que: "**Art. 64. — Facultad de organización.** El empleador tiene facultades suficientes para organizar económica y técnicamente la empresa, explotación o establecimiento".

Já o poder de controle consiste na faculdade de fiscalização a ser realizada pelo empregador. Ricardo Resende aduz que este é o "poder de vigilância em relação ao ambiente interno da empresa e a prerrogativa quem tem o empregador de fiscalizar o modo de prestação dos serviços". São exemplos da realização do poder de controle o monitoramento dos e-mails coorporativos, a revista pessoal, o cartão de ponto, desde que respeitados os direitos individuais dos empregados. No que tange à normatização desse poder de direção, este se encontra elencado expressamente no art. 65 da LCT, o qual discorre que:

Artículo 65. —Facultad de dirección.

Las facultades de dirección que asisten al empleador deberán ejercitarse con carácter funcional, atendiendo a los fines de la empresa, a las exigencias de la producción, sin perjuicio de la preservación y mejora de los derechos personales y patrimoniales del trabajador.

Em igual consenso, a legislação argentina destaca que:

Art. 67. — Facultades disciplinarias. Limitación.

El empleador podrá aplicar medidas disciplinarias proporcionadas a las faltas o incumplimientos demostrados por el tra-

> bajador. Dentro de los treinta (30) días corridos de notificada la medida, el trabajador podrá cuestionar su procedencia y el tipo o extensión de la misma, para que se la suprima, sustituya por otra o limite según los casos. Vencido dicho término se tendrá por consentida la sanción disciplinaria.

Entretanto, é necessário pontuar que, conforme já aduz Resende (2014, p. 312), o poder de disciplinar é a faculdade que o empregador tem para:

> [...] aplicar punições aos empregados em casos de descumprimento de suas obrigações contratuais. Decorre do dever de obediência do empregado em relação às ordens emanadas pelo empregador, tendo em vista a subordinação jurídica que marca a relação entre ambos.

Tão logo, é possível afirmar que esse poder é originário na subordinação existente na relação empregatícia, devendo sempre ser exercido em conformidade com os princípios da boa-fé e da razoabilidade. Além disso, as punições laborais têm caráter educativo e regente, tendo como objeto final a prestação de serviço produtiva e eficaz.

4.8 O risco do negócio como exclusividade do empregador – alteridade

Outro elemento da relação de trabalho que merece destaque consiste no fato de o empregador possuir total risco frente à atividade desempenhada. Isso significar dizer que caberá ao empregador suportar os custos, os lucros e os prejuízos da atividade econômica exercida por sua empresa, não sendo permitido o repasse dos prejuízos aos empregados, ainda que minimamente. No ordenamento jurídico brasileiro, esse elemento se encontra expressamente aludido no art. 2º da Consolidação das Leis Trabalhistas, assim como, de forma analógica, em alguns princípios, como o de proteção ao trabalhador, tema tratado anteriormente: "Artigo 2º. Considera-se empregador a empresa, individual ou coletiva, que, assumindo os riscos da atividade econômica, admite, assalaria e dirige a prestação pessoal de serviços" (BRASIL, 1943, p. 1).

Frente a isto Martinez (2017, p. 161) aduz que:

> O empregado o empregado não assume os riscos da atividade desenvolvida pelo empregador, estando alheio a qualquer dificuldade financeira ou econômica deste ou do seu empreendimento. Essa característica recebe o nome de alteridade (alter é palavra latina que significa 'outro', 'alheio'), porque, sendo o

> empregado 'um trabalho prestado por conta alheia', não está o empregado adstrito à expectativa de o empregador alcançar uma margem mínima de lucratividade para que seu salario seja pago. Note-se que os frutos do trabalho realizado por conta alheia pertencem exclusivamente ao tomador, cabendo a este apenas o dever de remunerar o prestador na dimensão pré-ajustada. A assunção desses riscos, aliás, faz parte do conceito de empregador (e não de empregado).

Tão logo, é possível perceber que, apesar da incumbência exclusiva do ônus de suportar os riscos do negócio ao empregador já ser positivada, essa é também objeto de fácil compreensão, quando analisamos as partes envolvidas na relação de trabalho. O empregado é o polo hipossuficiente da relação, dependendo do trabalho para seu sustento e de toda sua família, enquanto o empregador é polo gerador de empregos, riquezas e lucros, o que o coloca em posição mais favorável na relação de trabalho em questão.

Diante disso e da posição mais favorável do empregador, o risco da atividade econômica recai exclusivamente sobre si.

4.9 Contrato de natureza sinalagmática

Para reger a relação de trabalho, ou ainda, a relação empregatícia, são convencionados postulados, os quais norteiam os ditames de como ocorrerá a prestação de serviço e a relação entre as partes – neste caso, empregador e empregados. Frente a isso, surge o que juridicamente conhecemos como contrato de atividade lato sensu, que consiste no contrato de trabalho, definido pela CLT, em seu art. 442, como "contrato individual de trabalho é o acordo, tácito ou expresso, correspondente à relação de emprego" (BRASIL, 1943, p. 1). Embora exista previsão dos termos, "correspondente à relação de emprego", o conceito de contrato de trabalho é extensivo, abrangendo, portanto, não apenas as relações de emprego, mas também as de trabalho[2].

De acordo com Martinez (2017, p. 169), contrato de emprego é:

> [...] o negócio jurídico pelo qual uma pessoa física (o empregado) obriga-se, de modo pessoal e intransferível, mediante o pagamento de uma contraprestação (remuneração), a prestar trabalho não eventual em proveito de outra pessoa, física

---

[2] A palavra trabalho expressa a figura de um gênero, decorrendo deste algumas espécies: autônomo, eventual, avulso, temporário e emprego. Deixa claro que este autor não entende que trabalho de natureza intermitente seja uma nova espécie. Muito pelo contrário, o trabalho intermitente tem natureza de emprego, e apenas a sua jornada e a forma de convocação ao labor são diferenciadas, não descaracterizando o que de fato e de direito é um emprego.

ou jurídica (empregador), que assume os riscos da atividade desenvolvida e que subordina juridicamente o prestador.

Essa temática também é versada no art. 21 da Ley del Contrato de Trabajo, o qual expõe que:

> Art. 21: Habrá contrato de trabajo, cualquiera sea su forma o denominación, siempre que una persona física se obligue a realizar actos, ejecutar obras o prestar servicios en favor de la otra y bajo la dependencia de ésta, durante un período determinado o indeterminado de tiempo, mediante el pago de una remuneración. Sus cláusulas, en cuanto a la forma y condiciones de la prestación, quedan sometidas a las disposiciones de orden público, los estatutos, las convenciones colectivas o los laudos con fuerza de tales y los usos y costumbres.

Como todo contrato, existem características inerentes a este, as quais o tornam singular, como a comutatividade, a onerosidade e o aspecto sinalagmático do contrato de trabalho. Segundo Martinez (2017, p. 170), esse tipo de contrato é sinalagmático porque é:

> [...] dotado de direitos, deveres e obrigações contrárias, opostas e equilibradas, de modo que a obrigação de um dos sujeitos seja fundamento jurídico da existência de outro direito, dever ou obrigação. Nesse sentido, não havendo trabalho, não há como existir contraprestação; não havendo como continuar a ser prestado o trabalho.

Segundo Ricardo Resende (2014, p. 257), o contrato é sinalagmático:

> [...] porque dá origem a obrigações contrárias, contrapostas. Há um equilíbrio, ainda que apenas formal, entre as prestações de ambas as partes. Essa característica aparece se considerado o contrato como um conjunto de direitos e obrigações para ambas as partes. Do contrário, não haveria sinalagma durante a interrupção contratual, em que o empregado não presta serviços, pelo que faltaria a obrigação do empregado.

Em linhas gerais, consiste em dizer que o contrato de trabalho é sinalagmático, pois possui obrigações recíprocas entre as partes envolvidas, as quais podem ser opostas ou coincidentes, mas obrigatoriamente existentes, a fim de demonstrar, inclusive, o aspecto da contraprestação.

4.10 Contrato de trabalho de natureza comutativa

Outro aspecto do contrato de trabalho que merece guarida consiste na natureza comutativa dele. De acordo com Martinez (2017, p. 170), o contrato de trabalho é comutativo:

> [...] porque produz direitos e obrigações equivalentes para ambos os contratantes. Nos contratos comutativos, conforme bem asseverado por Orlando Gomes, 'a relação entre vantagem e sacrifício é subjetivamente equivalente, havendo certeza quanto às obrigações'.

Isso significa dizer que, para cada obrigação do empregado, existe uma obrigação do empregador, que, inclusive, é conhecida desde o início da relação de trabalho e emprego. A exemplo dessas obrigações equivalentes, previamente pactuadas, elenca-se o art. 62 da LCT, o qual assevera que:

> Art. 62: Las partes están obligadas, activa y pasivamente, no sólo a lo que resulta expresamente de los términos del contrato, sino a todos aquellos comportamientos que sean consecuencia del mismo, resulten de esta ley, de los estatutos profesionales o convenciones colectivas de trabajo, apreciados con criterio de colaboración y solidaridad.

Dessa forma, é possível concluir que, além de obrigações mútuas, recíprocas e contrárias, o contrato de trabalho apresenta natureza comutativa, na qual essas obrigações são previamente pactuadas.

4.11 O trabalho associado à dignidade da pessoa humana

Desde os primórdios da Antiguidade, o trabalho é considerado elemento essencial à vida e dignidade das pessoas, uma vez que é por meio dele que os homens tinham acesso a alimentos e à moradia. Na Idade Média, para que as pessoas pudessem alimentar-se, era necessário haver labor em lavouras e pastos localizados nos feudos, assim como que as atividades de preparação dos alimentos e confecção de roupas fossem realizadas. Todas essas atividades configuraram formas de trabalho de um período marcado essencialmente pela economia agrícola, em que o trabalho humano era preponderante e a destinação final do labor era a sobrevivência dos indivíduos.

Com o advento da Idade Moderna, as formas de trabalho foram sendo modificadas, tendo ainda como objetivo final a sobrevivência dos trabalhadores e de suas famílias. Foi na Idade Moderna que houve os primeiros avanços tecnológicos, os quais impactaram diretamente na forma de labor do homem. O avanço tecnológico e a modificação na forma de produção de artigos essenciais à vida, como alimentos e vestimentas, substituíram o labor humano por atividades realizadas por máquinas.

O advento desses avanços tecnológicos e da substituição do homem pela máquina, o que hoje denominados de Revolução Industrial, trouxe impactos nas famílias da época, as quais passaram a conviver com baixa remuneração oriunda do seu trabalho e, consequentemente, baixo poder aquisitivo para adquirir alimentos, vestimentas e demais itens essenciais a uma vida digna e plena. Foi nesse cenário de baixos salários e de grandes necessidades que as crianças e mulheres foram encaminhadas para o labor em fábricas, objetivando aumentar a renda familiar e, assim, adquirir alimentos. Tão logo, almejava-se manter o mínimo de dignidade.

Apesar das transformações ocorridas entre a Idade Média e a Idade Moderna, o objetivo final do labor dos indivíduos continuava sendo o de adquirir meios para sobreviver e manter sua dignidade, fator esse que é presente até a atualidade. É o trabalho que, desde a Antiguidade, permite ao indivíduo ter acesso a alimentos, à vestimenta, à moradia e até mesmo a lazer. Possuir esses elementos é essencial para que se possa ter respeito e dignidade perante a sociedade em que se vive, seja ela qual for.

De acordo com o Dicionário da Língua Portuguesa Silveira Bueno (1996, p. 213), dignidade significa "s. f. respeitabilidade; autoridade moral". Atualmente, sabemos que a dignidade da pessoa humana está ligada não apenas ao respeito, como também à honra, à moral e à manutenção das necessidades básicas dos seres humanos. Quando se analisa o que é ter respeito e dignidade perante a sociedade em que o indivíduo vive, percebe-se que isso está ligado a itens essenciais a vida. Atualmente, esses itens podem ser elencados não apenas por meio da alimentação, moradia e vestimenta, como ocorria na Idade Média, mas também por meio do lazer, da educação e da segurança.

Tudo isso somente é apto a ser conquistado por qualquer ser humano em decorrência do trabalho, seja este realizado pela própria pessoa, seja por terceiros, e ainda oriundo das mais diversas formas de profissão contemporaneamente conhecidas. Diante disso, é possível perceber que o trabalho e, consequentemente, a contraprestação pecuniária obtida pelo trabalhador em decorrência do labor são ferramentas essenciais para a manutenção da dignidade da pessoa humana, a qual é direito constitucionalmente garantido a todos.

Sem o labor, não há como a pessoa cuidar e manter suas necessidades básicas, assim como sua dignidade. Com isso, a vida da pessoa em sociedade é prejudicada, o que enseja a sua tentativa de sobrevivência às margens, buscando, pelo menos, conseguir os mínimos subsídios necessários à condição biológica de vida do homem.

5

CARACTERÍSTICAS DA NORMA TRABALHISTA

As concepções tradicionalistas consideram a natureza jurídica do direito do trabalho como ramo do direito privado. Entretanto, diante de uma análise mais aprofundada, pode-se inferir que o direito laboral está impregnado de elementos que lhe dão uma ligação visceral com o direito público. Esse embate faz com que estudos sejam desenvolvidos no sentido de definir a natureza jurídica da norma trabalhista e suas características.

5.1 Natureza jurídica da norma

Pode-se conceituar o direito do trabalho como um conjunto de normas regulamentadoras das relações contratuais, pactuadas entre um tomador de mão de obra e um fornecedor de préstimos serviçais, sendo esses indivíduos denominados, respectivamente, de empregador e trabalhador.

Contudo, o direito do trabalho não se exaure tão somente na regulamentação interpartes, daqueles que firmam o contrato laboral, conforme a definição exposta por Arnaldo Süssekind, Delio Maranhão, Segadas Viana e Lima Teixeira. (1999, p. 107):

> O Direito do Trabalho não é apenas o conjunto de leis, mas de normas jurídicas, entre as quais os contratos coletivos, e não regula somente as relações entre empregados e empregadores num contrato de trabalho; ele vai desde a sua preparação, com aprendizagem, até as consequências complementares, como por exemplo, a organização profissional.

Esse ramo do direito tem íntima ligação com a evolução da sociedade, pois é justamente com a atividade laboral que o próprio estado alavanca a economia estatal e, consecutivamente, o corpo social.

Verifica-se que toda a estrutura capitalista do mundo moderno baseia-se na produção de capital, o que, por sua vez, está diretamente ligado à mão de obra que produz e gera sustento para toda a estrutura econômica dos

Estados. A classe operária tem uma grande importância no papel da evolução da sociedade, pois é por meio dos movimentos oriundos da classe operária que surgem novos direitos e melhorias na qualidade de vida coletiva. Destaca-se que os movimentos operários surgiram em diversos países, como na Argentina, com o presidente Juan Domingos Perón, e no Brasil, com Luiz Inácio Lula da Silva, membros dos seus respectivos partidos políticos de defesa dos interesses operários.

Não se pode conceber o direito do trabalho como um simples objeto do direito privado, sem considerar que, em seu bojo, existe uma íntima ligação com os interesses coletivos, necessitando, inclusive, da interferência estatal para proteção e harmonização dos interesses laborais e sociais. Esse entendimento é complementado pelos ditames de Amauri Mascaro Nascimento e Ruy Rabello Pinho (2000, p. 347-348):

> A harmonia necessária, mas ainda não encontrada, entre capital e trabalho, exige uma renovação do conceito de trabalho e trabalhador. Do conflito de luta de classe é preciso passar para a composição dos interesses, pois tanto as categorias econômicas dependem da mão-de-obra, como as categorias profissionais depende do capital que lhe dá serviço.
>
> O direito do trabalho é o ramo do Direito que pode contribuir para a realização desse fim, por meio de medidas, como a participação do trabalhador nos lucros da empresa, a co-gestão empresarial hoje vencedora na Europa, a imposições das cláusulas mínimas dos contratos de trabalho, a regulamentação de prestação de serviços, a concepção de empresa e outras, passam a se impor e ganhar sempre maior importância na sociedade industrial.

A função do direito do trabalho é a melhoria das condições de pactuação da força laboral no sistema socioeconômico, sempre na busca progressista de uma legislação moderna e com caráter civilizatório.

Por mais que a atividade laboral tenha caracteres de direito privado, há o real interesse do Estado em tutelar a relação laboral por meio de normas cogentes que impedem o particular de dispor dos direitos que regem o contrato trabalhista. Essa característica inerente do contrato trabalhista traz ao direito laboral uma natureza de direito público, conforme será exposto a seguir.

5.1.1 Norma trabalhista como direito público

O direito público se compreende como sendo um conjunto de todas as normas jurídicas que trazem no seu âmago uma natureza eminentemente pública, ou seja, todas as normas que regulam as relações entre o particular e o Estado, assim como aqueles que regulam as atividades, funções e organizações de poderes do Estado.

O estudo na natureza jurídica de uma norma é a busca por sua essência, e assim também compreende Jaime C. Lipovetzky (2009, p. 45): "Cuando nos referimos a la "naturaleza" de las cosas, estamos identificando sus esencias. Cuando estudiamos la "naturaleza jurídica" de una figura o de un fenómeno de esa índole, es que investigamos la "esencia jurídica" de ese objeto".

As normas jurídicas de natureza pública estão ligadas diretamente aos interesses difusos, pois a aplicabilidade da norma pública é meio eficiente para a manutenção de toda a estrutura social. A sociedade está estruturada e amparada pelas normas jurídicas que emanam do Estado e mantêm não só a estrutura estatal, mas ordenam as condutas sociais, amparando indistintamente a todos. O grande doutrinador Miguel Reale nos traz uma grande lição nesse sentido, demonstrando de forma clara que "O Direito é, por conseguinte, um fato ou fenômeno social: não existe senão na sociedade e não pode ser concebido fora dela. Uma das características da realidade jurídica é como se vê, a sua socialidade, a sua qualidade de ser social" (REALE, 2003, p. 2).

Não se pode conceber um Estado de direito sem a estrutura jurídica do direito público, a qual não se exaure nas normas que regulam o governo, mas dá ao Estado o *longa manus* necessário para alcançar e ordenar o interesse do particular com o mister de um convívio coletivo harmônico. O direito público é cogente, imperativo, de forma tal que não dá margem ao interesse particular de se sobrepor ao interesse público. Essa característica busca a manutenção do estado social, o equilíbrio necessário para a vida coletiva sem conflitos ou desequilíbrios.

Ainda nas lições do jusfilósofo Miguel Reale (2003, p. 3), pode-se inferir com precisão o conceito fundamentador do direito público: "O Direito divide-se, em primeiro lugar em duas grandes classes: Direito Privado e Direito Público. As relações que se referem ao estado e traduzem o predomínio do interesse coletivo são chamadas relações públicas, ou de Direito Público".

É importante entender que a norma jurídica é destinada a amparar um anseio coletivo, na busca pela ordenação geral, uma vez que a própria sociedade necessita do direito para sua manutenção estrutural. É justamente o direito público que agasalha essa necessidade emitente da coletividade.

A tutela do direito do trabalho pelo Estado não se exaure tão somente num aparo ao contrato individual do trabalho, mas se apresenta como proteção da coletividade e busca por melhores condições sociais, que só podem ser concebidas por normas jurídicas que garantam a todos, indistintamente, a proteção contra a exploração da mão de obra. É notório que a norma trabalhista busca pela manutenção do estado social, além de visar a garantir ao empregado um equilíbrio em sua relação para com o empregador. Isso é posto não apenas por meio de leis imperativas e cogentes, como por princípios, como é o caso dos princípios da irrenunciabilidade do direito do trabalho e do *in dubio pro operário*.

As normas de direito do trabalho voltadas para a proteção ao hipossuficiente são tidas como normas indisponíveis, ou seja, são dispostas de forma tal que não estão disponibilizadas para serem manejadas de acordo com o interesse. Simplesmente, o caráter imperativo[3] dessas normas é de tamanha força que elas não podem ser renunciadas. Mesmo que o indivíduo, de forma tácita ou expressa, de maneira escrita ou oral, venha a declarar sua renúncia, esta não terá validade perante o sistema jurídico, porque assim determina o princípio da irrenunciabilidade do direito trabalhista. Ou seja, a norma trabalhista é imperativa, sem margem para que o particular possa promover a renúncia de um direito posto pela norma.

A aplicação prática desse princípio é necessária, pois acaba protegendo o empregado que, na condição de hipossuficiente, pode firmar contrato de trabalho, contendo cláusulas que diminuem seus direitos trabalhistas consignados na legislação estatal.

Assim também entende Antônio Vasquez Vialard (1981, p. 78):

> Lo que caracteriza al derecho laboral es, principalmente, la tutela de los derechos de los trabajadores, para que no se vean conculcados o disminuidos por ignorancia o falta de capacidad de negociar.

Cabe salientar que, no direito do trabalho, há normas de natureza administrativas, principalmente as de fiscalização das condições laborais, de segurança e medicina do trabalho. Vale ainda dizer que a norma laboral tem caráter tuitivo, isto é, não podem ser olvidadas pelo empregador, evitando a não aplicação dos preceitos laborais.

---

[3] O caráter imperativo reveste a norma com a natureza impositiva do seu cumprimento, não sendo esta uma mera declaração de uma conduta.

Assim também entende o jurista Sergio Pinto Martins (2012, p. 24): "Dentro desta concepção, proclamam que os direitos trabalhistas são irrenunciáveis pelo trabalhador, o que mostraria a natureza pública de suas normas".

O enquadramento do direito laboral como um direito público fica demonstrado de forma clara quando, da aplicabilidade do princípio da irrenunciabilidade do direito, a vontade das partes está claramente substituída pela vontade do Estado, que impõe a norma e impede que o particular disponha desta, sendo impossível a renúncia de qualquer direito laboral.

Coadunam com toda argumentação supra os sábios escritos do grande professor Julio Armando Grisolia (2011, p. 14):

> El derecho del trabajo es una parte del derecho privado integrado por normas de orden público: esto se justifica por la desigualdad del poder negociador éntrelas partes y la aplicación del principio protectorio: coexisten normas de derecho privado y de derecho público.

Sendo assim, é evidente que a natureza jurídica do direito do trabalho permite que seja classificado e elencado como componente ativo do direito público.

5.1.2 Norma trabalhista como direito privado

Doutrinariamente, prevalece o entendimento do direito do trabalho como ramo do direito privado e assim tem sido difundido nas academias jurídicas, inclusive sendo objeto de avaliações de provas e até de concursos públicos que gabaritam as avaliações de forma a determinar, como única e verdadeira natureza jurídica do direito laboral, o direito privado.

Inegável é que o direito laboral tem características muito próximas do direito contratual civil, até mesmo porque existe, na relação laboral, um contrato específico a ser firmado por empregado empregador.

Existem, dentro do pacto laboral, interesses inerentes aos pactuantes, que se revestem de um agasalho de interesse privado: de um lado, o empregado que busca obter sua remuneração e, do outro lado, o empregador que visa a obter o proveito oriundo do serviço prestado.

Frente a essa temática, Marcelo Moura (2014, p. 10) afirma que esse enquadramento do direito do trabalho como ramo privado ocorre:

> [...] mas com derrogações de ordem pública, na qual a interferência do Estado se faz presente na tutela do interesse do

trabalhador, com a aprovação de leis imperativas, traçando os contornos do contrato de emprego e de algumas relações de trabalho.

De acordo com Sergio Pinto Martins (2012, p. 25), essa classificação ocorre sob a fundamentação de que esse direito é reflexo do:

> [...] desenvolvimento do contrato de trabalho em relação à locação de serviços do Direito Civil, do qual se originou. Verifica-se que os sujeitos do contrato de trabalho são dois particulares: o empregado e o empregador. A maioria das regras do Direito do Trabalho são de origem privada, regulando o contrato de trabalho, que tem preponderância sobre a minoria das regras de Direito público existentes na referida matéria.

Ainda de acordo com Martins (2012, p. 25), "a relação entre as pessoas envolvidas é privada, pois existem dois particulares (empregado e empregador). O Direito do Trabalho não vincula o cidadão ao Estado". Apesar de o direito do trabalho ser entendido de forma clássica como ramo ligado diretamente ao direito privado, é imprescindível ponderar que, no bojo das normas laborais, há características fortes e fundamentais que dão a essa matéria jurídica uma natureza eminentemente de direito público.

Não se pode observar o direito do trabalho como sendo eminentemente como um ramo do direito privado, porque inconteste é o fato de que existem características de direito público embrenhadas no âmago das normas que regem tal matéria.

6

TUTELA PROCESSUAL TRABALHISTA

Como em outros ramos da atividade jurídica, o direito processual trabalhista nada mais é do que o instrumento utilizado para tornar efetivo o direito fundamental do trabalhador. Ele surge a partir da necessidade de promover o efetivo cumprimento dos direitos e deveres inerentes à relação empregatícia entre o empregado e o empregador, os quais nem sempre são exercidos de forma espontânea, ainda que existam leis os regendo, conforme será exposto nos tópicos subsequentes.

6.1 Processo como efetiva aplicabilidade do direito

É notório que o ordenamento jurídico de cada país é composto por normas, positivadas ou não[4], e princípios que conduzem e regem a sociedade. Contudo, a vida em sociedade requer não apenas a existência de um ordenamento jurídico em prol da paz e da harmonia, sendo necessário que todo o postulado pelas normas seja de fato cumprido. É nessa necessidade que surge o direito processual do trabalho, como meio de implementar a aplicabilidade do direito, valendo-se da força do Estado juiz. O professor Mauro Schiavi (2015, p. 120) delineia essa temática como sendo:

> [...] o conjunto de princípios, normas e instituições que regem a atividade da Justiça do Trabalho, com o objetivo de dar efetividade à legislação trabalhista e social, assegurar o acesso do trabalhador à Justiça e dirimir, com justiça, o conflito trabalhista.

É por meio do direito processual do trabalho que os trabalhadores têm acesso à justiça, buscando não apenas pelos direitos oriundos de uma relação empregatícia, os quais foram suprimidos, mas também com o intuito de manter sua dignidade como pessoa humana. Isto posto compõe a essência e finalidade do instituto processual.

---

[4] O direito consuetudinário é uma estrutura normativa não positivada, sendo este um direito que decorre dos costumes de determinada coletividade. A Mongólia, Sri Lanka e Andorra são exemplos de países que se regem por essa estrutura jurídica. (Cleudison Bastos)

É evidente e notório que os trabalhadores são parte hipossuficiente quando se analisa a relação empregatícia, razão pela qual cabe ao Estado criar meios de proteção a esse ator. É nesta seara que ocorre a garantia da aplicação do direito concedido aos trabalhadores pelo ordenamento jurídico, uma vez que, apesar de existir a norma, nem sempre ela é devidamente cumprida, o que enseja a necessidade de um instrumento coator à aplicação e ao exercício dos direitos e deveres da relação empregatícia. No que tange a essa aplicabilidade do direito dos trabalhadores, Schiavi (2015, p. 121) pontua de forma objetiva que:

> Desde o surgimento dos primeiros órgãos de solução dos conflitos trabalhistas, na Itália e na França, houve preocupação em propiciar ao trabalhador facilidade na defesa de seus direitos, sem a burocracia da Justiça Comum. A legislação processual trabalhista visa a impulsionar o cumprimento da legislação trabalhista, e também da legislação social que não se ocupa só do trabalho subordinado, mas do trabalhador, ainda que não tenha um vínculo de emprego, mas que vive de seu próprio trabalho. Nesse sentido foi a dilatação da competência material da Justiça do Trabalho dada pela EC n. 45/04 para abranger as controvérsias oriundas e decorrentes da relação de trabalho.

Tão logo, é possível perceber que o processo é forma e meio para que os trabalhadores possam ter acesso a todos os seus direitos, que eventualmente foram suprimidos pelo empregador. A respeito disso, Livellara (2011, p. 13) destaca:

> Las normas procesales tienen particular importancia porque operan en un momento crítico de las relaciones laborales y en el proceso debe proyectarse en toda su plenitud el principio protectorio, pues allí se acentúa la hiposuficiencia del trabajador ya desempleado. La reciente reforma del art. 9º de la Ley de Contrato de Trabajo, en cuanto establece que en el caso de duda sobre la prueba de los hechos debe decidirse a favor del trabajador y las presunciones que surgen de la misma ley que se proyectan sobre las normas procesales de todo el país refuerzan dicha protección.

6.2 Foro privilegiado / justiça especializada

O direito processual do trabalho é objeto de discussão doutrinária quanto à existência ou não de autonomia para com o direito processual comum. Neste diálogo, há duas doutrinas: a primeira, denominada de dualista, defende que o direito processual do trabalho possui autonomia em face do direito processual comum; e a segunda, denominada de monista, defende a inexistência dessa autonomia frente à possibilidade de aplicação subsidiária do direito processual comum ao processo trabalhista.

A temática referente ao direito processual trabalhista vai além da sua autonomia e correlação para com o direito processual comum. Os estudos e delimitações doutrinárias e legais discutem e postulam ainda sobre a Justiça do Trabalho ser objeto de uma justiça especial. Diante disso, a legislação brasileira possui alguns dispositivos que aduzem sobre esta temática, como é o caso do Decreto-Lei 5.452/1943, que fora volumosamente alterado pela Lei 13.467/2017, das Leis 5.584/1970 e 7.701/1988 e da Constituição Federal Brasileira.

É com base na Constituição Federal Brasileira que a Justiça do Trabalho corresponde a uma das três denominadas de justiças especializadas, as quais possuem condão específico para versar especialmente sobre as ações oriundas de relações empregatícias individuais ou coletivas, assim como aquelas cujo objeto se trata do direito de greve. Ou seja, compete a esse órgão da justiça brasileira julgar as lides com esses objetos, além de zelar pela aplicação efetiva dos direitos e deveres oriundos das relações empregatícias.

Isso também ocorre quando analisamos o ordenamento jurídico de outros países, como a Argentina. Verifica-se a especialidade da Justiça do Trabalho apta a ser vislumbrada por meio dos artigos 20 e 21 da Lei 18.345, que dispõe:

> Articulo 20 - Competencia por materia. Serán de competencia de la Justicia Nacional del Trabajo, en general, las causas contenciosas en conflictos individuales de derecho, cualesquiera fueren las partes -incluso la Nación, sus reparticiones autárquicas, la Municipalidad de la Ciudad Autónoma de Buenos Aires y cualquier ente público-, por demandas o reconvenciones fundadas en los contratos de trabajo, convenciones colectivas de trabajo, laudos con eficacia de convenciones colectivas, o disposiciones legales o reglamentarias del Derecho del Trabajo; y las causas entre trabajadores y empleadores relativas a un contrato de trabajo, aunque se funden en disposiciones del derecho común aplicables a aquél.
>
> La competencia también comprenderá a las causas que persigan sólo la declaración de un derecho, en los términos del artículo 322, primer párrafo, del Código Procesal Civil y Comercial.

Articulo 21 – Casos especiales de competencia. En especial, serán de la competencia de la Justicia Nacional del Trabajo:

a. Las causas en las que tenga influencia decisiva la determinación de cuestiones directamente vinculadas con aspectos individuales o colectivos del derecho del trabajo;

b. Las demandas de desalojo por restitución de inmuebles o partes de ellos concedidos a los trabajadores en virtud o como accesorios de los contratos de trabajo, sin perjuicio de las disposiciones especiales de los estatutos profesionales;

c. Las demandas de tercería en los juicios de competencia del fuero;

d. Las causas que versen sobre el gobierno y la administración de las asociaciones profesionales y las que se susciten entre ellas y sus asociados en su condición de tales;

e. Las ejecuciones de créditos laborales;

f. Los juicos por cobro de aportes, contribuciones y multas, fundados en disposiciones legales o reglamentarias del Derecho del Trabajo; por cobro de impuestos a las actuaciones judiciales tramitadas en el fuero y por cobro de multas procesales;

g. Los recursos cuyo conocimiento se atribuye a los jueces nacionales de primera instancia del trabajo o a la Cámara Nacional de Apelaciones del Trabajo.

Dessa forma, é possível perceber o entendimento de que não é somente no Brasil que existe a especialização judiciária no âmbito laboral. Tantos outros países do mundo possuem essa estrutura, sendo essa a matéria laboral objeto de foro privilegiado, com competência absoluta para julgar demandas com particularidades inerentes a essa matéria jurídica.

6.3 Inversão do ônus da prova

Como em todo rito processual, no processo trabalhista, o instituto da prova também vigora. De acordo com o Dicionário da Língua Portuguesa Silveira Bueno (1996, p. 535), prova significa "s.f. Demonstração; testemunho; sinal; indício; documento justificado". Ou seja, são os meios utilizados para se demonstrar, reafirmar e comprovar o prelecionado e levado para análise do julgador. Prova nada mais é que o instrumento para demonstrar a verdade dita.

De acordo com Nelson Nery Junior (1997, p. 771 *apud* SCHIAVI, 2015, p. 641), na esfera jurídica, prova "[...] são os meios processuais ou materiais considerados idôneos pelo ordenamento jurídico para demonstrar a verdade, ou não, da existência e verificação de um fato jurídico". Ou ainda:

> [...] são os instrumentos admitidos pelo Direito como idôneos, a demonstrar um fato ou um acontecimento, ou, excepcionalmente, o direito que interessa à parte no processo, destinados à formação da convicção do órgão julgador da demanda (SCHIAVI, 2015, p. 641).

No ordenamento jurídico brasileiro, a prova é instrumento apto a ser utilizado no procedimento judicial, conforme exposto no art. 369 do Código de Processo Civil (Lei 13.105/15), o qual aduz que:

> As partes têm o direito de empregar todos os meios legais, bem como os moralmente legítimos, ainda que não especificados nesta Código, para provar a verdade dos fatos em que se funda o pedido ou a defesa e influir eficazmente na convicção do juiz (BRASIL, 2015, p. 1).

Além de prevista em normas oriundas do direito processual comum, a prova também é instrumento utilizado e regido no direito processual trabalhista. Entretanto, antes de especificar sobre o instituto da prova na justiça trabalhista, é necessário destacar que esse instrumento possui conexão direta com os princípios processuais trabalhistas.

O processo do trabalho possui consenso quanto a delimitação de princípios para reger suas relações e atuações, como é o caso do princípio *in dubio pro operário*, também denominado de protecionismo temperado ao trabalhador, o qual possui vinculação direta com o princípio da proteção ao hipossuficiente. Este denota a posição de desequilíbrio entre as partes atuantes na relação empregatícia, destacando a necessidade de se proteger o polo mais fraco, também denominado de hipossuficiente. É diante dessa disparidade de atores que a prova é empregada na Justiça do Trabalho.

A prova, além de ser instrumento determinante no deslinde do feito, deve ser feita pelo interessado, ou, ainda, pelo polo mais forte. Frente a isso, Schiavi (2015, p. 666) postula que "o não atendimento do ônus de provar coloca a parte em desvantajosa posição para a obtenção do ganho de causa".

No que tange ao dever de apresentar o instrumento da prova na Justiça do Trabalho, Mauro Schiavi (2015, p. 666-667) aduz que esse:

> [...] é um dever processual que incumbe ao autor quanto ao fato constitutivo do seu direito e ao réu quanto aos fatos modificativos, extintivos e impeditivos do direito do autor, uma vez não realizado, gera uma situação desfavorável à parte que detinha o ônus e favorável à parte contrária, na obtenção da pretensão posta em juízo.

Não há uniformização quanto ao ônus de prova na Justiça do Trabalho brasileira. A norma celetista brasileira aduz, em seu art. 818, que "A prova das alegações incumbe à parte que as fizer". Pela análise pura e simples do texto normativo, é possível considerar como o ônus sendo da parte que alega, independentemente de sua posição desfavorável na relação em contratual laboral. Entretanto, há normativa dentro do ordenamento jurídico brasileiro que condiciona a interpretação do ônus da prova de forma diversa da supraelencada, como é o caso da Súmula 212 do TST:

> DESPEDIMENTO. ÔNUS DA PROVA. O ônus de provar o término do contrato de trabalho, quando negados a prestação de serviço e o despedimento, é do empregador, pois o princípio da continuidade da relação constitui presunção favorável ao empregado.

Apesar de haver regra prática geral no que tange ao ônus probatório ser de responsabilidade do autor nos fatos constitutivos de seu direito, é diante da lacuna na definição do ônus da prova na esfera trabalhista, e, em consonância com os princípios *in dubio pro operário* e de proteção ao hipossuficiente, surge a inversão do ônus da prova na seara trabalhista.

A inversão do ônus da prova nada mais é que a transferência da responsabilidade probatória de uma parte para a outra, sendo essa transposição decorrente de determinação do juiz. Geralmente, a referida inversão ocorre não apenas por faculdade do juiz, mas, também, em decorrência de verossimilhança das alegações e da hipossuficiência do trabalhador, ainda, a depender da matéria a ser analisada.

Embora não positivado formalmente, esse tipo de conduta tem sido consolidado na prática trabalhista exercida no ordenamento jurídico brasileiro, apta a ser identificada em diversos julgados.

No que diz respeito ao tratamento desse tema no ordenamento jurídico internacional, verifica-se que, na legislação estrangeira, também há claro respeito aos princípios de proteção ao hipossuficiente e *in dubio pro operário*. Além do viés principiológico, a legislação argentina postula claramente sobre o ônus da prova, isso posto no art. 23 da LCT:

> Art. 23. — Presunción de la existencia del contrato de trabajo.
>
> El hecho de la prestación de servicios hace presumir la existencia de un contrato de trabajo, salvo que por las circunstancias, las relaciones o causas que lo motiven se demostrase lo contrario.
>
> Esa presunción operará igualmente aún cuando se utilicen figuras no laborales, para caracterizar al contrato, y en tanto que por las circunstancias no sea dado calificar de empresario a quien presta el servicio.

A observância da inversão do ônus da prova no âmbito do processo laboral baseia-se não somente na norma ou na principiologia jurídica, mas também na necessidade prática processual. O empregador, em muitas situações, é o único capaz de trazer aos autos documentos probatórios da realidade vivenciada na vigência do contrato de emprego, documentos esses dos quais é possuidor e que jamais o empregado poderia levar aos autos processuais de forma lícita.

Considerando que o processo deve ser conduzido pelo juiz sempre na busca pela verdade, regendo-se, inclusive, pelo princípio da primazia da realidade dos fatos, cabível é a aplicação da inversão do ônus da prova do alcance desse desiderato.

7

O PROCESSO DO TRABALHO E A SUA TELEOLOGIA

Ultrapassado o embate acerca da norma trabalhista como inerente ao ramo do direito público ou privado, é preponderante destacar a teleologia do processo do trabalho. De acordo com o Diccionario de La Lengua Espeñola (2001, p. 2148), teleologia significa "trina de las causas finales", ou seja, em uma tradução livre seria o que, em língua portuguesa, conceituaríamos como finalidade, objetivo principal a se alcançar. No que tange ao processo do trabalho, pode-se considerar que a teleologia dessa ciência jurídica está intimamente ligada à satisfação líquida do direito do trabalhador, ou seja, alcançar o direito e, como consequência, o crédito trabalhista.

Para alcançar tal objetivo frente ao ordenamento jurídico brasileiro, o processo do trabalho passou por transformações, principalmente com o advento da Emenda Constitucional 45 de 2004, que ampliou a competência da Justiça do Trabalho, englobando de forma mais ampla todas as demandas que envolvam relações de trabalho, quando, outrora, a competência estava restrita apenas para demandas de natureza empregatícia.

Leite (2016, p. 124) assevera, ainda, que

> [...] o processo do trabalho surgiu da necessidade de se efetivar um sistema de acesso à Justiça do Trabalho que fosse, a um só tempo, simples, rápido e de baixo custo para os seus atores sociais (empregados e empregadores).

Frente a isso, é possível concluir que o direito processual trabalhista é a forma de concretizar, operacionalizar e atingir a efetiva aplicação, a realização e o usufruto do direito material do trabalho. Isso é posto mediante procedimentos e etapas inerentes a esse ramo processual.

Para que exista a concretização, operacionalidade e aplicação do direito do trabalho, é necessária a existência de um processo, uma ação judicial. De acordo com Leite (2016, p. 371), o processo é o "instrumento com que o Estado soluciona, resolve, decide, enfim, os conflitos de interesses já deduzidos em juízo e efetiva os direitos dos cidadãos". Em igual consonância ocorre o processo do trabalho no ordenamento jurídico argentino, o qual, de acordo com Ricardo Guibourg (2012, p. 389):

> Un antiguo epigrama italiano sintetizaba de esta manera el proceso judicial desde el punto de vista del sufrido litigante: "Para iniciar un litigio hace falta bolsa de banquero, piernas de lebrel, paciencia de peregrino; tener razón, saber exponerla, encontrar quien la entienda y la quiera dar... y deudor que pueda pagar". Las primeras condiciones hablan del proceso de conocimiento y de las penurias que él exige al ciudadano; las penúltimas, de la jurisdicción y de las condiciones del juzgador hasta obtener la sentencia; pero inútil si la decisión no se lleva a la práctica: si no se la cumple, en su defecto, se la ejecuta con buen éxito.

No ordenamento jurídico brasileiro, assim como no ordenamento jurídico trabalhista estrangeiro, o instrumento processual com animus de obter o crédito em favor do trabalhador tramita por fases processuais que, num primeiro momento, se restringem à cognição do direito, e, por conseguinte, nasce a fase executória.

7.1 A fase processual de cognição como meio determinante do direito

A vida em sociedade é regida por direitos e deveres destinados a todos os indivíduos, nos mais diversos tipos de relações. Algumas vezes, o exercício do direito por alguns indivíduos é suprimido por condutas do empregador, gerando, assim, conflitos. Com o surgimento desses embates e a supressão de direitos, enseja-se que o Estado exerça seu dever de zelar pela aplicação e pelo gozo do direito de todos, assim como de resolução das lides. É nesse cenário que surgem os processos judiciais, ou seja, o exercício da tutela jurisdicional, a qual tem início com a propositura da ação judicial e que visa à necessária implementação material da norma jurídica.

As ações judiciais têm início na fase de cognição, a qual consiste no momento processual de conhecimento dos fatos e na aplicação das normas. É nessa ocasião que o magistrado toma conhecimento das alegações expostas pelas partes, assim como realiza considerações e análises sobre elas. É também nessa oportunidade que é realizada a produção das provas necessárias a consubstanciar os pleitos, as quais serão essenciais para motivar o convencimento do magistrado.

Além disso, é nesse momento que há a interpretação e aplicação das normais ao caso em deslinde no processo judicial. Isso é possível por meio da hermenêutica jurídica, tema já abordado anteriormente, em que há interpretação das normas e aplicação ao caso prático. De acordo com Leite (2016, p. 118), "o ato de interpretar a norma jurídica precede à sua aplicação, pois sem a interpretação não é possível desvendar o conteúdo, o sentido e o alcance das normas jurídicas".

É por meio da análise das alegações e provas, associadas à interpretação e aplicação das normas, que o magistrado produz seu convencimento, o qual deve ser motivado. Esse convencimento é denominado de decisão ou sentença, consistindo, portanto, em uma declaração a respeito do direito anteriormente pleiteado, concedendo-o ou não às partes. Tão logo, é possível perceber que é na fase de cognição que haverá a determinação do direito entre as partes envolvidas na lide, ou seja, a concretização do direito e resolução do conflito que ensejou a demanda.

Embora a tutela jurisdicional possua um objetivo bem definido, qual seja, adquirir a aplicação concreta do direito, existem procedimentos diversos e complexos a serem percorridos dentro do processo judicial, os quais, além de essenciais, serão determinantes para solucionar a lide em questão.

7.1.1 Meios de solução de conflito no processo trabalhista

Conforme exposto anteriormente, para se conquistar o objetivo central do processo judicial, qual seja, a determinação do direito, é necessário solucionar o conflito que gerou a supressão dele. Esse pode ser solucionado mediante julgamento positivado por um magistrado, na forma de uma sentença, ou, ainda, por meio de composições consensuais, utilizando-se de metodologias que podem levar a uma composição solucionadora do conflito.

No que tange ao ordenamento brasileiro, destaca-se que, embora não exista consensualíssimo doutrinário sobre esse tema, é possível elencarmos três métodos principais de solução de conflitos, que são: a autodefesa (também denominada de autotutela), a autocomposição e a heterocomposição. Esses consistem em métodos utilizados não apenas na esfera das demandas trabalhista, como em todo ordenamento jurídico brasileiro.

O método mais antigo de solução de conflitos é a autodefesa, que consiste, em linhas gerais, na interposição dos interesses do mais forte sobre o mais fraco. Esse método é o mais antigo e pode ser exercido independentemente de tutela processual. De acordo com Leite (2016, p. 139):

> Note-se que, aqui, não há figura de um terceiro para solucionar o litígio, mas, sim, a imposição da decisão por uma das partes, geralmente a mais forte do ponto de vista físico, econômico, político ou social.

Além de não haver a figura de um juiz ou terceiro para auxiliar na resolução do embate, a imposição é item marcante desse método, em que, segundo Amauri Nascimento (2007, p. 6):

> A autodefesa pode ser autorizada pelo legislador, tolerada ou proibida [...] A solução que provém de uma das partes interessadas é unilateral e imposta. Portanto, evoca a violência, e a sua generalização importa na quebra da ordem e na vitória do mais forte e não do titular do direito. Assim, os ordenamentos jurídicos a proíbem, autorizando-a apenas excepcionalmente, porque nem sempre a autoridade pode acudir em tempo a solução dos conflitos.

A exemplo desse método de solução de conflito na esfera trabalhista, é possível elencar a greve, direito constitucionalmente garantido pela carta magna brasileira à luz do art. 9º e art. 1º da Lei 7.783/89, dos artigos 468 e 483 da CLT, os quais tratam sobre o direito de resistência do empregado frente a alterações no contrato de trabalho e sobre o poder diretivo do empregador, e ainda o locaute, item proibido no ordenamento jurídico brasileiro à luz do art. 17º da Lei 7.783/89.

O segundo método de solução de conflitos apto a ser tratado nesta oportunidade consiste na autocomposição. Apesar de também ser considerada uma forma direta de solução de conflitos, na autocomposição não há emprego de força ou imposição da vontade. Trata-se da composição de acordo de forma comum, com sacrifícios mútuos. Em linhas gerais, esse método é utilizado para solução de conflitos coletivos do trabalho. Frente a isso, Amauri Mascaro Nascimento (2007, p. 6) aduz que:

> [...] um dos litigantes ou ambos consentem no sacrifício do próprio interesse, daí ser a sua classificação em unilateral e bilateral. A renúncia é um exemplo da primeira e a transação, da segunda. Pode dar-se à margem do processo, sendo, nesse caso, extraprocessual, ou no próprio processo, caso em que é intraprocessual como a conciliação (CLT, art. 831, parágrafo único).

Além da autocomposição intraprocessual, é preponderante destacar que, no ordenamento jurídico brasileiro, existe também a autocomposição extraprocessual, qual seja, a Convenção Coletiva de Trabalho e o Acordo Coletivo de Trabalho.

O terceiro método de solução de conflitos é a heterocomposição, que consiste na intervenção de um terceiro para se atingir a solução do embate em questão, o que não a permite ser classificada como forma direta de solução. Sobre esse, método Schiavi (2015, p. 49) afirma que "A heterocomposição exterioriza-se pelo ingresso de um agente externo e desinteressado ao litígio que irá solucioná-lo e sua decisão será imposta às partes de forma coercitiva".

Como exemplos desse método, elenca-se a jurisdição, materializada por meio das decisões judiciais, e a arbitragem. Contemporaneamente no ordenamento jurídico brasileiro, as decisões judiciais têm sido amplamente utilizadas também em decorrência da influência da cultura romano-germânica, a qual, segundo Schiavi (2015, p. 49), "[...] não tem tradição de resolução de conflitos pela via da negociação nem a arbitragem".

Apesar de o ordenamento jurídico brasileiro possuir instrumentos que discorram sobre o procedimento da arbitragem, como a Lei 9.307/96 e a Constituição Federal (art. 114), esta não tem sido comumente utilizada como forma para solucionar conflitos.

Por fim, destaca-se ainda que o Código de Processo Civil Brasileiro, normativa apta a ser utilizada de fonte subsidiária no processo do trabalho, conforme determina a CLT no seu art. 769, reconhece a mediação como meios alternativos à solução de conflitos. Esse dispositivo legal não apenas reconhece frente ao seu art. 3º, como também incentiva, sendo possível perceber no §3º do artigo supracitado. Vejamos:

"§3º A conciliação, a mediação e outros métodos de solução consensual de conflitos deverão ser estimulados por juízes, advogados, defensores públicos e membros do Ministério Público, inclusive no curso do processo judicial".

Dessa forma, é possível perceber que, além da forma mais utilizada para solução de conflitos, a heterocomposição, existem outros meios aptos a conquistar resultado objetivado. Outra tendência atualmente evidente no ordenamento jurídico brasileiro é a tentativa de implementação da mediação como forma pacífica e eficaz de solução de conflitos.

Analisando os postulados doutrinários estrangeiros, verifica-se que também se vislumbra a resolução da lide por meio de uma composição consensual entre as partes, conforme declara Guibourg (2012, p. 253):

> Sentido y contenido de la conciliación. De acuerdo con las previsiones de derecho común, un modo de extinción de las obligaciones es la transacción, acto bilateral por el cual las

> partes, haciéndose concesiones recíprocas, extinguen obligaciones litigiosas o dudosas.

Não somente no Brasil, mas também em outros países, encontram-se as formas diversas de composição de conflito, conforme tratado neste capitulo, o que denota que, de fato, tais métodos não são práticas isoladas e dissociadas de outras culturas jurídicas.

7.1.1.1 Conciliação

Além dos meios de solução do conflito trabalhista expostos anteriormente, existem procedimentos processuais que objetivam conquistar a resolução da lide na justiça brasileira. Em desses é a conciliação. De acordo com Calmon de Passos (2001, p. 451):

> Conciliação é uma das modalidades de se pôr fim ao litígio mediante solução que lhe dão as próprias partes, apenas cumprindo ao magistrado acolhê-la. Caracteriza-se por implicar na participação do magistrado. Com ela pode-se lograr tanto uma transação, quanto o reconhecimento ou renúncia.

Assim como nas demais áreas da ciência jurídica, na esfera trabalhista brasileira, a conciliação pode ocorrer extrajudicialmente, ou, ainda, judicialmente, desde que não trate de direitos indisponíveis. Entretanto, é necessário ponderar que, em linhas gerais, quando uma demanda judicial trabalhista tem início, é porque a tentativa conciliatória extrajudicial foi frustrada, requerendo, portanto, a intervenção da tutela jurisdicional do Estado para resolução do embate.

No ordenamento jurídico brasileiro, o exercício dessa tutela frente ao procedimento da conciliação trabalhista é realizado, em suma, na primeira audiência do processo. Esta consiste no ato solene de reunião entre as partes envolvidas, presidido por um juiz togado e com a presença das partes como obrigatória e essencial.

Tal busca conciliatória tem sido aperfeiçoada por técnicas de convencimento e por posturas de juízes que compreendem a importância desse instituto, até mesmo como um incentivo para que as partes possam solucionar seus próprios conflitos sem a presença do poder judiciário, conscientizando de que é possível, de forma amistosa, solucionar conflitos. Contudo, essa realidade desejosa por todos, para se implementar de fato, requer uma evolução cultural e social que o brasileiros ainda não alcançou.

A importância do instituto conciliatório é tamanha que o Legislativo argentino promoveu modificações da realização de audiências judiciais para melhor implementar a conciliação, conforme prelecionado por Ricardo Guibourg (2012, p. 254):

> Antes de la reforma introducida por la ley 24.635, la audiencia específicamente destinada a lograr una solución conciliatoria se celebraba como acto previo a la traba del litigio: si el acuerdo no se lograba, en esa misma audiencia el demandado debía contestar la acción. En el procedimiento actual, en cambio, el artículo 80 dispone que el juez intentará una solución conciliatoria en la audiencia que se designe para recibir la prueba oral (confesional o testimonial). Esta oportunidad parece especialmente adecuada pues, al encontrarse ya contestada la demanda, el juez o el funcionario interviniente contará con mejores elementos para comprender la situación de las partes e intentar avenirlas.

Na justiça trabalhista brasileira, em linhas gerais, todos os atos e procedimentos obrigatórios e referentes às audiências trabalhistas no Brasil serão realizadas em uma única oportunidade, sempre concedendo às partes chance de se conciliarem e, consequentemente, comporem um acordo. Contudo, existe ainda a previsão excepcional, que permite aos magistrados fracionarem esse ato solene em dois ou mais momentos. Isto posto à luz dos artigos 843 a 851 da CLT, sempre ofertando às partes oportunidade para conciliação.

A conciliação se encontra prevista expressamente na CLT, sendo o art. 764 um dos primeiros momentos em que a norma celetista frisa sobre a submissão das demandas processuais à conciliação. De acordo com esse item, "Os dissídios individuais ou coletivos submetidos à apreciação da Justiça do Trabalho serão sempre sujeitos à conciliação". Além desse momento, os artigos 831, 846, 847, 850, 852-A, 862 e 863 desse dispositivo legal também asseveram sobre esse ato processual, que geralmente ocorre no momento da audiência, como é evidente no art. 852-A:

> Art. 852-A. Aberta a sessão, o juiz esclarecerá as partes presentes sobre as vantagens da conciliação e usará os meios adequados de persuasão para a solução conciliatória do litígio, em qualquer fase da audiência (BRASIL, 1943, p. 1).

Outro momento em que a conciliação se encontra expressamente postulada na norma celetista brasileira é o art. 846 da CLT, o qual descreve que: "Art. 846. Aberta a audiência o juiz proporá a conciliação. §1º Se houver acordo, lavrar-se-á termo, assinado pelo juiz e pelos litigantes, consignando-se o prazo e demais condições para seu cumprimento" (BRASIL, 1943, p. 1).

O supraexposto diz respeito ao primeiro ato após o início da audiência. É nesse momento processual que o magistrado atua como facilitador do diálogo entre as partes, buscando a resolução da lide por meio de um acordo composto por elas. Caso as partes entrem em um consenso e componham um acordo, será lavrado termo de acordo, o qual, no Brasil, geralmente é realizado na ata de audiência. Nesse termo, constarão todas as informações referentes ao pactuado e, consequentemente, frente à resolução da lide. Com isso, nos casos de êxito da conciliação, encerra-se a fase cognitiva com o objetivo primordial alcançado, qual seja, a declaração ou, em outras palavras, o reconhecimento do direito pleiteado.

Isso posto, também ocorre no ordenamento jurídico argentino, o qual assevera sobre a conciliação em algumas legislações, tais como no art. 69 da Ley 18.345, transcrita por Ricardo Guibourg (2012, p. 69):

> Conciliación y transacción: Los acuerdos conciliatorios o transaccionales celebrados por las partes con intervención del juzgado y los que ellas pacten espontáneamente, con homologación judicial posterior pasarán en autoridad de cosa juzgada.

De acordo com Lipovetzky (2009, p. 215): "Por la ley 24.635 se introdujo en los procedimientos laborales la conciliación obligatoria en sede administrativa, tan denostada en la doctrina". Isso passou a ocorrer, principalmente, após as crises socioeconômicas da Justiça do Trabalho argentina, tendo como marco regulamentador, da utilização da conciliação no ordenamento jurídico argentino, a Ley 24.635, conforme é possível perceber na afirmação do Sudera (2011, p. 425):

> La tradicional realización de las gestiones conciliatorias en sede judicial se vio alterada con las modificaciones introducidas al proceso por la ley 24.635, y con la creación del Servicio de Conciliación Laboral Obligatoria, que introdujo el paso previo obligatorio por esa instancia administrativa.

Cabe salientar que, no ordenamento jurídico brasileiro, caso a tentativa conciliatória não logre êxito, o magistrado recepcionará a defesa do polo passivo da lide, e o processo judicial em sua fase cognitiva terá sequência, a qual pode ocorrer com a realização imediata do procedimento de instrução e julgamento, ou a remarcação desse procedimento para nova audiência em data diversa. Esse procedimento também ocorre de forma similar no ordenamento jurídico da Justiça Nacional do Trabalho da Argentina, no qual, uma vez não logrado êxito na audiência de conciliação, será apresentada defesa pela parte ré.

Com isso, dá-se início à próxima fase processual denominada pela norma celetista brasileira como audiência de instrução e julgamento, e, no ordenamento jurídico argentino, descrita como o momento de oferecimento e aceitação de provas tão logo a segunda audiência do processo trabalhista.

7.1.1.2 Instrução e julgamento

A audiência de instrução e julgamento no ordenamento jurídico brasileiro ocorrerá logo após a apresentação da defesa processual da parte acionada. Embora, no texto normativo brasileiro, a resposta do polo acionado esteja descriminada como sendo realizada por meio de apresentação oral, na prática, ela é realizada por escrito. Findado o ato defensivo, inicia-se a instrução do processo, a qual, conforme prelecionada anteriormente, pode ocorrer imediatamente após a frustração conciliatória e a apresentação da defesa, ou poderá, a audiência, ser fracionada para outra data a ser designada pelo juiz.

O momento de início da instrução processual trabalhista é aduzido no art. 848 da CLT, o qual preleciona que:

> Art. 848. Terminada a defesa, seguir-se-á a instrução do processo, podendo o presidente, ex officio ou a requerimento de qualquer juiz temporário, interrogar os litigantes.
>
> §1º Findo o interrogatório, poderá qualquer dos litigantes retirar-se, prosseguindo a instrução com o seu representante.
>
> §2º Serão, a seguir, ouvidas as testemunhas, os peritos e os técnicos, se houver. (BRASIL, 1943, p. 1)

Diante do exposto no artigo supracitado, é possível perceber que, a partir do momento em que a instrução processual de fato é iniciada, a produção de provas passa a ser realizada. As provas são elementos essenciais do processo judicial, uma vez que elas são fundamentais para formar o convencimento do julgador. A respeito disso, Leite (2016, p. 743) afirma que:

> O ordenamento jurídico brasileiro adota o princípio do livre convencimento, também chamado de princípio da persuasão racional. Esse princípio, na verdade, encerra a base de um sistema processual em que o juiz forma a sua convicção apre-

> ciando livremente o valor das provas dos autos. A liberdade de que goza o juiz não pode, porém, converter-se em arbítrio, sendo, antes, um dever motivar seu raciocínio.

A produção de provas e, consequentemente, o andamento da audiência de instrução são instrumentos para realização do direito constitucional de defesa. Ainda a respeito da instrução processual, destaca-se que é nesse momento que as partes poderão, caso queiram, realizar a oitiva de testemunhas, assim como prestar seus depoimentos. As provas estão previstas na CLT entre os artigos 818 a 830, sendo que, nesse viés processual trabalhista brasileiro, existe vasta aplicação subsidiária das normas processuais comuns.

Esse procedimento ocorre de forma similar no ordenamento jurídico da Justiça Nacional do Trabalho da Argentina, que preleciona entre os artigos 79 e 91, a respeito dos meios de realização de provas. De início, salienta-se o postulado pelo art. 80 da Ley 18.345, a seguir transcrito:

> Art. 80 – Providencia de prueba. El juez, previa vista al fiscal, resolverá dentro del quinto día de contestado su traslado, las excepciones que no requieran prueba alguna. [...] En cualquier estado del juicio podrá decretar las medidas de prueba que estime convenientes, requerir que las partes litigantes reconozcan los documentos que se les atribuyan, interrogar personalmente a las partes, a los peritos y a los testigos y recabar el asesoramiento de expertos; también podrá reiterar gestiones conciliatorias sin perjuicio de las que obligatoriamente deberá intentar en oportunidad de celebrarse la audiencia prevista en el párrafo tercero in fine. Asimismo el juez proveerá la liquidación e intimará el pago de las sumas y créditos derivados de la relación de trabajo que hayan sido consentidos en forma expresa o tácita por las partes en cualquier etapa procesal. (ARGENTINA, 1998, p. 1)

Após o oferecimento de provas, o ordenamento jurídico argentino ainda prevê mais dois momentos, os quais podem ocorre na prática, por meio de audiências. A terceira audiência é a oportunidade na qual ocorrerá a apresentação de provas finalizando a instrução e a quarta audiência, de debates finais visando alcançar a decisão.

No ordenamento jurídico brasileiro, o procedimento ocorre de forma similar, tendo a diferença tão somente frente à quantidade de audiências após a instrução processual. Pelo procedimento celetista brasileiro, com o fim do procedimento de composição probatória e averiguação das alegações fáticas realizadas na instrução processual, tem início a fase de razões finais, a qual consiste no último ato procedimental para que as partes se manifestem, anteriormente à prolação de sentença. As razões finais estão previstas no ordenamento jurídico brasileiro, no art. 850 da CLT, o qual discorre que: "Art. 850. Terminada a instrução, poderão as partes aduzir razões finais, em prazo não excedente a dez minutos para cada uma. Em seguida, o juiz ou presidente renovará proposta de conciliação, e não se realizando esta, será proferida a decisão".

Em linhas gerais, esse ato é realizado de forma oral, ao término da instrução, contudo é facultado aos julgadores possibilitarem a realização dessa por escrito, mediante peça processual escrita, nominada de memoriais[5]. Convém ainda destacar que, embora seja uma oportunidade concedida às partes para se manifestarem, a concessão de prazo, pelo magistrado não é obrigatória, e sua inocorrência, além de não causar prejuízos ao bom andamento processual, não gerará nulidades ou prejuízos ao objetivo das partes.

Por fim, é possível perceber que os ordenamentos jurídicos argentino e brasileiro possuem diversas semelhanças e equivalências na fase cognitiva do processo judiciário, o que contribui para a maximização do direito do trabalhador e sua real conquista.

7.1.2 Objetivo processual específico de declarar cognitivamente o direito

Conforme exposto anteriormente, é na fase de cognição que se apura e interpreta as normas, buscando a aplicação delas à realidade fática em questão no processo judicial. Essa interpretação pode ser feita de diversas formas, inclusive, por meio do método doutrinariamente denominado de teleológico. De acordo com Leite (2016, p. 120), além de também ser denominado como método sociológico, é neste que:

> [...] a atenção do intérprete volta-se para os fins sociais que a norma jurídica se propõe a realizar. Dito de outro modo, o método teleológico ou sociológico visa adaptar a finalidade da norma à realidade social, econômica, cultural e política em que vai incidir na prática. O art. 5º da Lei de Introdução às

---

[5] A CLT, no art. 850 determina que as razões finais serão aduzidas oralmente ao final da instrução, no prazo de dez minutos para cada parte. Entretanto, com base no art. 769 da própria CLT que possibilita a aplicação subsidiaria do CPC ao processo trabalhista, se admite as alegações finais em forma de memoriais escrito nos moldes do art. 364, §2º do CPC. (Cleudison Bastos)

> Normas do Direito Brasileiro (Lei n. 12.376, de 30-12-2010) o admite expressamente, pois permite ao juiz que, quando da aplicação da lei, atente para os 'fins sociais' a que ela se dirige e às 'exigências do bem comum'.

A partir do momento em que se ingressa com uma demanda judicial, tem-se como objetivo a aplicação real do direito imposto pelo ordenamento jurídico da referida localidade. Para que o direito anteriormente suprimido possa ser efetivamente usufruído, são necessárias, primeiramente, a constatação da sua essencialidade, assim como a declaração do direito como sendo devido, o que ocorre, em linhas gerais, mediante sentença.

A sentença processual, além de ser o ato que marca o encerramento da fase cognitiva do processo, é a declaração do direito do requerente, o qual será objeto de usufruto na fase executória do processo judicial. Ou seja, é por meio da fase cognitiva que o objetivo almejado com o processo é materializado, uma vez que a sentença é o ato solene que declara e reconhece os direitos devidos ao caso concreto, e, logo em seguida ocorre a liquidação dos direitos concedidos aos trabalhadores.

O ordenamento jurídico da Justiça Nacional do Trabalho da Argentina possui uma lei que expressa claramente o objetivo central da fase cognitiva do processo, qual seja, declarar o direito do reclamante. Esse objetivo é conquistado com a prolação da sentença, a qual, de acordo com Ricardo Guibourg (2012, p. 192) o art. 56 da Ley 18.345 dispõe:

> Art. 56 – Facultades en materia de sentencias. Los tribunales podrán fallar ultra petita, supliendo la omisión del demandante. La sentencia fijará los importes de los créditos siempre que su existencia este legalmente comprobada, aunque no resultare justificado su monto.

O dispositivo legal supraelencado evidencia o papel da sentença frente à fase de cognição, qual seja, fixar o montante dos créditos. Em outras palavras, é declarar expressamente o direito. Embora no ordenamento jurídico brasileiro não seja possível a declaração do direito de forma ultra petita, a finalidade desta fase cognitiva é convergente em ambos os ordenamentos.

7.2 A fase processual de execução como meio de efetivar o direito

Para que o direito do trabalhador seja de fato concretizado, não basta que ele seja declarado na fase cognitiva. O obreiro deve ter o efetivo acesso à materialização desse direito, o que somente ocorre mediante liquidação e pagamento do direito devido, o qual fora declarado expressamente por meio da sentença. Esse é o momento processual que permite a conquista teleológica.

Muitas vezes, os empregadores privam alguns dos direitos dos seus empregados. Com isso, para ter acesso efetivo aos seus direitos, o trabalhador necessita uma ferramenta que lhe permite usufruir desses. Essa ferramenta é o processo do trabalho, o qual tem como objetivo alcançar o crédito do trabalhador, ou seja, a contraprestação pecuniária que vincula o trabalhador ao empregador. De acordo com Leite (2016, p. 57), o Novo Código de Processo Civil brasileiro trouxe claramente os escopos do sistema processual, elencando que, em particular, o processo jurídico busca:

> [...] efetivação dos direitos individuais e metaindividuais, observando-se a técnica processual adequada, fundada em uma hermenêutica jurídica voltada para a efetivação de tais direitos. Trata-se, aqui, do devido processo justo, que visa, por meio da tutela jurisdicional, à tempestiva e efetiva realização dos direitos reconhecidos e positivados no ordenamento jurídico.

Carlos Henrique Bezerra Leite ainda aduz que:

> [...] a teoria geral do direito processual do trabalho tem objeto mais delimitado, porquanto investiga setores específicos do processo do trabalho, as suas estruturas peculiares, os conceitos próprios e os valores especiais almejados pelo direito material do trabalho. Sua finalidade primordial reside, portanto, na realização dos escopos social, político e jurídico do processo, sob a perspectiva do direito material do trabalho, bem como, por força da EC n. 45/2004, no que couber, de outros ramos do direito material, como o direito civil, o direito administrativo, o direito penal etc. (LEITE, 2016, p. 58)

Postura consoante com a dos doutrinadores brasileiros supracitados é a eludida por Fálcon, em seu livro:

> La liquidación no es una resolución judicial sino sólo un acto procesal de documentación de operaciones, generalmente aritméticas, contables y financieras que traducen al mundo de las cifras lo que la sentencia expresa desde al ámbito estrictamente jurídico. (FÁLCON, 2013, p. 346/347)

Na busca pela conquista da teleologia do processo do trabalho, esta fase é considerada uma das mais importantes, uma vez que é neste momento que o trabalhador terá de fato acesso ao seu direito de forma líquida. É na fase de execução da sentença que o empregado terá acesso à contraprestação pecuniária que lhe fora inicialmente negada por parte do seu empregador.

A doutrina brasileira oferece duas correntes que versam sobre a forma de realização da execução trabalhista. A primeira corrente aduz que a execução consiste na instauração de um novo processo, o qual, embora possua inter-relação com o processo de conhecimento, tem os tramites de um procedimento inaugural. De acordo com Leite (2016, p. 1280), a segunda corrente preleciona que a execução "nada mais é do que simples fase (ou módulo) do processo trabalhista de conhecimento". O mesmo ocorre com a doutrina argentina. De toda forma, convém salientar que, independentemente da doutrina adotada pelo magistrado que tutela o direito do empregado, a finalidade da fase executória é uma só: conceder ao trabalhador o usufruto da contraprestação pecuniária que lhe é de direito, direito este que já fora estabelecido pela fase de cognição.

Independentemente da doutrina adotada, a execução trabalhista tem início após o trânsito em julgado e conclusão da fase cognitiva do processo. Em ambos os ordenamentos em questão, a primeira etapa após a fase cognitiva é a liquidação[6] da sentença. Nos momentos em que a liquidação ocorre por cálculos, ou seja, apuração do montante por simples operações aritméticas, abre-se prazo para impugnação, na sequência, há a homologação dos cálculos e, consequentemente, ordem de pagamento. Ressalvada ainda a hipótese de diversos recursos, tais como: embargos à execução, embargos à penhora, agravo de instrumento ou, ainda, agravo de petição.

7.2.2 Meios de efetivo cumprimento da sentença

Após a liquidação da sentença, é chegado o momento de intimar o polo passivo ao pagamento da quantia liquidada devida. No ordenamento processual da Justiça Nacional do Trabalho da Argentina, isso ocorre sob os moldes do art. 132 da Ley 18.345, conforme exposto por Guibourg (2012, p. 390), o qual expõe que:

---

[6] A liquidação da sentença poderá ser feita por cálculos nos moldes do art. 879 da CLT. As liquidações por arbitramento ou por artigos não são reguladas pela CLT, aplicando ao processo do trabalho, respectivamente, os incisos I e II, ambos componentes do art. 509 do CPC.

> Art. 132 – Liquidación e intimación: Recibidos los autos de la Cámara o consentida o ejecutoriada la sentencia, el secretario del juzgado practicará liquidación y se intimará al deudor que, en el plazo fijado en la sentencia, pague su importe. Contra esta intimación sólo procederá la excepción de pago, posterior a la fecha de la sentencia definitiva.

Consonante a esta normativa, disse Guibourg (2012, p. 391) que:

> Practicada la liquidación prevista en el art. 132 de la LO, se dará vista a las partes para que sean notificadas por cédula y vencido el plazo o resueltas las cuestiones que se plantearen, se la aprobará judicialmente, sin perjuicio de lo normado por el art. 104 de la ley orgánica y se intimará su pago.

Procedimento similar ocorre na Justiça do Trabalho brasileira, onde, após a liquidação dos cálculos, as partes serão notificadas para se manifestar. Na sequência, uma vez homologados os cálculos pelo magistrado que preside a causa, haverá a intimação para pagamento. De acordo com Sergio Pinto Martins (2017b, p. 1025-1026):

> Iniciada a execução, o executado será citado para cumprir espontaneamente a sentença ou acordo, da forma como estabelecida na decisão. [...] A citação poderá ser requerida pela parte ou determinado de ofício pelo juiz. É requisito do mandado de citação que conste a decisão exequenda ou o termo de acordo não cumprido, sob pena de nulidade, mas também é necessário constar o nome do juiz. [...] no mandado, deverá constar, ainda, que o executado terá 48 horas para o pagamento da condenação ou garantia da execução, sob pena de penhora (art. 880 da CLT).

O pagamento da condenação poderá ocorrer de forma voluntária por meio de depósito judicial, ou de forma compulsória, mediante bloqueio e penhora de valores e bens, conforme será tratado em título próprio.

7.2.1.1 Cumprimento voluntário

Uma vez intimado para a realização do pagamento da quantia devida nos autos processuais em questão, o devedor deverá proceder com a quitação do débito. Se, em ambos os ordenamentos em questão, este procedimento de adimplemento for feito de forma voluntária, acontecerá por meio de depósito judicial, o que, na norma celetista brasileira, é presente no parágrafo único do art. 881e, na norma argentina, é elencado no art. 277 da LCT, o qual aduz que:

> Pago en juicio. Todo pago que deba realizarse en los juicios laborales se efectivizará mediante depósito bancario en autos a la orden del Tribunal interviniente y giro judicial personal al titular del crédito o sus derecho-habientes, aún en el supuesto de haber otorgado poder. [...] Todo pago realizado sin observar lo prescripto y el pacto de cuota Litis o desistimiento no homologados, serán nulos de pleno derecho. (GUIBOURG, 2012, p. 392)

Após o depósito, o procedimento comum a ocorrer, tanto na Argentina quanto no Brasil, pode ser descrito nas palavras do ilustre Ricardo Guibourg (2012, p. 396), quem esclarece que "a la orden del juzgado y en los autos de que se trata, y acreditada tal circunstancia en la causa mediante el recibo de depósito, el juez ordena el libramiento de los giros respectivos". Por fim, convém salientar que, pela LCT, há uma exceção a essa regra de pagamento, a qual é destacada por Guibourg (2012, p. 397) como "el cheque certificado (que garantiza por un breve lapso la existencia de fondos e la cuenta) ha sido también una opción aceptada en circunstancias excepcionales, como el llamado corralito financiero".

7.2.1.2 Cumprimento compulsório

Findado o prazo para pagamento da condenação sem resposta positiva do devedor, o juiz poderá ordenar o bloqueio, a penhora de bens e, posteriormente, o leilão destes. Essa postura é plausível no ordenamento jurídico argentino, à luz do art. 136 da Ley 18.345Frente a esse dispositivo legal e procedimento, Guibourg (2012, p. 409) assevera que:

> Incumplida la intimación de pago y a solicitud del interesado, el juez debe ordenar que se trabe embargo sobre bienes del deudor. La medida puede disponerse en relación con bienes muebles, inmuebles u otros registrables e implica su indisponibilidad para el deudor. Si el embargo había sido trabado con anterioridad con carácter preventivo, es la oportunidad para su conversión en embargo ejecutivo.

A legislação argentina prevê alguns itens anteriores à realização de leilões com os bens do devedor, como a adjudicação de títulos ou ações. O mesmo ocorre na legislação brasileira, a qual dispõe que, na ausência de pagamento no prazo estipulado pela lei, poderá ser aplicado o bloqueio das contas do devedor, ou, ainda, a penhora de bens móveis, imóveis, veículos e semoventes. De acordo com o art. 835 do Código de Processo Civil brasileiro:

A penhora observará, preferencialmente, a seguinte ordem:

I – dinheiro, em espécie ou em depósito ou aplicação em instituição financeira;

II – títulos da dívida pública da União, dos Estados e do Distrito Federal com cotação em mercado;

III – títulos e valores mobiliários com cotação em mercado;

IV – veículos de via terrestre;

V – bens imóveis;

VI – bens móveis em geral;

VII – semoventes;

VIII – navios e aeronaves;

IX – ações e quotas de sociedade simples e empresarias;

X – percentual do faturamento de empresa devedora;

XI – pedras e metais preciosos;

XII – direitos aquisitivos derivados de promessas de compra e venda e de alienação fiduciária em garantia;

XIII – outros direitos.

Os meios de cumprimento compulsório existentes em ambos os ordenamentos jurídicos em questão visam a efetivar a teleologia do processo do trabalho, ou seja, garantir que o trabalhador tenha acesso aos veredidos decorrentes do direitos que lhe fora sonegado outrora. É de extrema importância que a fase executória do processo tenha a mesma eficácia que a fase cognitiva, visto que, para o trabalhador, a constatação e a concessão do seu direito apenas na modalidade cognitiva, sem materializá-lo monetariamente, não são suficientes para atingir o caráter satisfativo da prestação jurisdicional.

Diante da vasta análise do processo do trabalho nos ordenamentos jurídicos brasileiro e argentino, é possível perceber, em larga escala, diversos pontos de similitude e convergência de normas, legislações e procedimentos. Esses aspectos são primordiais quando tratamos de vínculos empregatícios que se expandem territorialmente, podendo envolver o labor em mais de um país, ou, ainda, o desempenho da atividade trabalhista em uma localidade para empresa natural de outro país. Contudo, essa temática também será tratada de forma específica em título próprio.

Conclusivo é, de forma inconteste, que todo o processo laboral consiste numa busca, por todo o procedimento, por uma satisfação de direitos inerentes às partes envolvidas no contrato de trabalho. Sob a ótica do trabalhador, o crédito financeiro é a essência da repercussão de seus direitos laborais. Em suma, todo o percorrer processual busca a satisfação não só dos interesses normativos, estatais e sociais, mas do interesse creditício do trabalhador.

A partir do momento em que o empregador não cumpre com seu dever frente à execução processual, e caso ele não possua bens exequíveis no país que decretou o direito em fase cognitiva, a execução compulsória se torna prejudicada. Na tentativa de se obter êxito na fase executória de devedores com patrimônio no exterior, são utilizados meios de cooperação e assistência jurisdicional, os quais não possuem eficácia e celeridade elevada, restando aos estudiosos do direito laboral encontrar meios executórios internacionais mais eficientes que emissões de morosas Cartas Rogatórias. Em capítulo próprio, tratar-se-á sobre a real possibilidade de uma execução processual trabalhista eficiente, frente a devedores que possuem patrimônio exequível em território estrangeiro.

A COMPETÊNCIA DE FORO TERRITORIAL NO PROCESSO TRABALHISTA

Para existir o processo do trabalho, inicialmente é necessária a existência de uma jurisdição. Essa palavra vem do latim *ius,* ou ainda *iuris,* que significa direito, e *dictio,* do verbo *dicere,* que corresponde à dicção. Em outras palavras, pode-se afirmar que jurisdição é o exercício do poder concedido aos juízes de dizer o direito e aplicá-lo ao caso concreto. Consoante a esse conceito, existe a competência, que também possui origem no latim, especificamente à luz do termo *competere,* que significa estar em gozo, usufruindo, ter capacidade para tal.

É por meio do exercício da jurisdição e da competência que o processo do trabalho consegue promover, de forma regular, o acesso dos empregados ao direito que lhes é garantido por lei. Pode-se ressaltar a principal característica da jurisdição, que é a imparcialidade do órgão julgador, enquanto a competência seria uma espécie de parcela jurisdicional, conforme prelecionado por Sergio Pinto Martins (2017b, p. 154):

> A competência é uma parcela da jurisdição, dada a cada juiz. É a parte da jurisdição atribuída a cada juiz, ou seja, a área geográfica e o setor do Direito em que vai atuar, podendo emitir suas decisões. Consiste a competência na delimitação do poder jurisdicional. É, portanto, o limite da jurisdição, a medida da jurisdição, a quantidade da jurisdição.

A respeito disso e das relações de trabalho existentes no Brasil, a Constituição Federal brasileira, sob a égide do art. 114, preleciona que:

> Compete à Justiça do Trabalho processar e julgar:
>
> I – as ações oriundas da relação de trabalho, abrangidos os entes de direito público externo e da administração pública direta e indireta da União, dos Estados, do Distrito Federal e dos Municípios;
>
> II – as ações que envolvam exercício do direito de greve;

III – as ações sobre representação sindical, entre sindicatos, entre sindicatos e trabalhadores, e entre sindicatos e empregadores;

IV – os mandados de segurança, habeas corpus e habeas data, quando o ato questionado envolver matéria sujeita à sua jurisdição;

V – os conflitos de competência entre órgãos com jurisdição trabalhista, ressalvado o disposto no art. 102, I, o;

VI – as ações de indenização por dano moral ou patrimonial, decorrentes das relações de trabalho;

VIII – a execução, de ofício, das contribuições sociais previstas no artigo 195, I a, e II e seus acréscimos legais, decorrentes das sentenças que proferir;

IX – outras controvérsias decorrentes da relação de trabalho, na forma da lei.

§ 1º - Frustrada a negociação coletiva, as partes poderão eleger árbitros.

§ 2º - Recusando-se qualquer das partes à negociação coletiva ou à arbitragem, é faculdade às mesmas, de comum acordo, ajuizar dissídio coletivo de natureza econômica, podendo a Justiça do Trabalho decidir o conflito, respeitadas as disposições mínimas legais de proteção ao trabalho, bem como as convencionadas anteriormente.

§ 3º - Em caso de greve em atividade essencial, com possibilidade de lesão do interesse público, o Ministério Público do Trabalho poderá ajuizar dissídio coletivo, competindo à Justiça do Trabalho decidir o conflito. (Constituição, 1988, p. 1)

Em outras palavras, o ordenamento jurídico brasileiro preleciona ser de competência da Justiça do Trabalho o processamento de matérias ligadas à relação de trabalho. Ainda sob a égide deste ordenamento jurídico, é possível asseverar que a competência da Justiça do Trabalho brasileira é dividida em quatro ramos: decorrente da pessoa (*ex ratione personae*), decorrente da matéria (*ex ratione materiae*), decorrente do lugar (*ex ratione loci*), ou, ainda, funcional. No que tange ao ordenamento jurídico da Justiça Nacional do Trabalho da Argentina, a delimitação de competências é similar, existindo aquela decorrente da relação, o que engloba matéria e pessoa, assim como a territorial e funcional.

A competência em razão das pessoas nada mais é do que o exposto no art. 114, inciso I da Constituição Federal Brasileira, ou seja, ser especializada para dirimir controvérsias decorrentes da relação de trabalho. Salienta-se ainda que, na esfera das relações de trabalho, estão inclusos os vínculos empregatícios, os quais correspondem à relação entre empregado e empregador. De acordo com Martins (2017a, p. 171):

> A ideia é de que toda a matéria trabalhista, compreendendo qualquer tipo de trabalhador, seja de competência da Justiça do Trabalho e não apenas a relação de emprego. A Justiça é do trabalho e não do empregado ou do desempregado. De um modo geral, a Justiça do Trabalho deixa de ser uma Justiça do emprego para ser do trabalho.

A competência em razão da matéria corresponde ao tipo de questão a ser tratada naquela Justiça. No caso da Justiça do Trabalho, Martins (2017a, p. 171) assevera que esta é "[...] competente para analisar relação de trabalho e não qualquer relação e não qualquer relação jurídica". Ou seja, toda matéria que decorrer de uma relação de trabalho deve ser tutelada em sede processual pela Justiça do Trabalho brasileira. Como exemplo, elenca-se o inciso VI e IX do art. 114 da Constituição Federal Brasileira de 1988. A competência em razão da matéria na legislação da capital federal de Buenos Aires está elencada nos arts. 20 e 21 da Ley 18.345.

A competência funcional é específica da justiça brasileira e diz respeito à função que os juízes desempenham na Justiça do Trabalho, assim como aquela desempenhada pelos desembargadores e ministros. Em outras palavras, é a competência funcional que determinará, em razão da matéria e do meio processual cabível, qual instância atuará, se o juízo *a quo*, o Tribunal Regional do Trabalho ou o próprio Tribunal Superior do Trabalho, ressaltando que, a depender da demanda, o processo poderá originar-se em um TRT ou até mesmo no TST. Os meios de determinação da competência processual possuem relação direta com o regimento interno do órgão julgador. No ordenamento jurídico da Justiça Nacional do Trabalho da Argentina, a competência processual pode ser determinada por meio dos arts. 22 e 23 da Ley 18.345.

Por fim, tem-se a competência em razão do lugar (*ex ratione loci*), a qual determina em que localidade deverá tutelar o litígio postulado perante a

Justiça do Trabalho. Essa é a principal determinante de competência territorial para processar, julgar e executar créditos trabalhistas quando se versa sobre a eficiência da execução e a possibilidade de alteração da competência de processamento de litígios trabalhistas com relação em mais de um país. Sobre essa temática específica, é dedicado um capítulo especial, incluindo a análise de execução processual dentro da competência territorial de países membros do Mercosul.

8.1 Meios determinantes da competência territorial

Na legislação brasileira, a competência territorial da Justiça do Trabalho nada mais é do que a determinação de qual vara do trabalho apreciará os litígios decorrentes da relação de trabalho dentro de espaço geográfico determinado, sendo que essa delimitação geográfica é estabelecida por norma. Frente a isso, Martins (2017b, p. 203) dispõe:

> São instituídas as regras de competência territorial visando facilitar a propositura da ação trabalhista pelo trabalhador, para que este não tenha gastos desnecessários com locomoção e possa melhor fazer sua prova. É a aplicação do princípio protecionista.

Consoante à afirmação do doutrinador Sergio Pinto Martins, elenca-se o posicionamento do Guibourg (2012, p. 56), no que tange à competência territorial laboral argentina:

> La Justicia Nacional del Trabajo, de la que más tarde se desprendió el actual fuero federal de la Seguridad Social, fue creada para asegurar los derechos de los trabajadores. Sus integrantes están habituados a la aplicación de las leyes laborales y de los principios que rigen una rama tuitiva y particular del derecho. Sin embargo, muchas de las causas que requieren la aplicación de esas leyes y de esos principios han sido sustraídas a su competencia y distribuidas a fueros distintos.

Em linearidade ao disposto pelos doutrinadores supraelencados, destaca-se o art. 651 da CLT, o qual aduz que:

> Art. 651 – A competência das juntas de Conciliação e Julgamento é determinada pela localidade onde o empregador, reclamante ou reclamado, prestar serviços ao empregador ainda que tenha sido contratado noutro local ou no estrangeiro.

> § 1º - Quando for parte de dissídio agente ou viajante comercial, a competência será da junta da localidade em que a empresa tenha agência ou filial e a esta o empregado esteja subordinado e, na falta, será competente a junta da localização em que o empregado tenha domicílio ou a localidade mais próxima.
>
> § 2º - A competência das Juntas de Conciliação e Julgamento estabelecidas neste artigo, estende-se aos dissídios ocorridos em agência ou filial no estrangeiro, desde que o empregado seja brasileiro e não haja convenção internacional dispondo em contrário.
>
> § 3º - Em se tratando de empregador que promova realização de atividades fora do lugar do contrato de trabalho, é assegurado ao empregado apresentar reclamação no foro da celebração do contratou ou no da prestação dos respectivos serviços. (1943, p. 1)

Diante do supraexposto, percebe-se que, no ordenamento jurídico brasileiro, os meios de determinação da competência territorial para processar e julgar são: local da prestação do serviço, local em que o empregado tenha domicílio, local da filial onde o empregado era subordinado e local da celebração do contrato. O ordenamento jurídico da Justiça Nacional do Trabalho da Argentina possui semelhanças, as quais podem ser vislumbradas sob a égide da Lei 18.345, que dispõe que:

> Art. 24 – Competencia territorial. En las causas entre trabajadores y empleadores será competente, a elección del demandante, el juez del lugar del trabajo, el del lugar de celebración del contrato, o el del domicilio del demandado. El que no tuviere domicilio fijo podrá ser demandado en el lugar en que se encuentre o en el de su última residencia. En las causas incoadas por asociaciones profesionales por cobro de aportes, contribuciones o cuotas, será competente el juez del domicilio del demandado. (Guibourg, 2012, p. 67)

O nobre jurista Guibourg (2012) salienta ainda que o exercício de trabalho dentro dos limites da cidade de Buenos Aires não é uma justificativa suficiente para a propositura de ação em face da justiça nacional do trabalho, devendo, portanto, ser respeitadas as indicações do artigo supraexposto. Por fim, é necessário destacar uma diferença a respeito do ordenamento jurídico brasileiro e do argentino, frente à temática da competência territorial. De acordo com a norma da capital federal de Argentina, cabe ao empregado optar pelos locais elencados no art. 24 da Ley 18.345, enquanto, na norma celetista brasileira, não há permissibilidade optativa, mas, sim, condicionante.

8.1.1 Competência jurisdicional do local da efetiva prestação de serviço

Conforme exposto anteriormente, o art. 651 da Consolidação das Leis Trabalhistas afirma, em seu caput, que a primeira forma e a principal de se determinar territorialmente o local de competência da Justiça do Trabalho ocorrerá com base no local da efetiva prestação de serviço. A doutrina brasileira, por meio das palavras do Martins (2017b, p. 204), ainda preleciona que a demanda processual deverá ser proposta "no último local da prestação de serviço do empregado, ainda que o empregado tenha sido contratado em outra localidade ou no estrangeiro". A respeito disso, pontua-se que:

> Mesmo nas questões em que exista transferência do empregado, a competência será do último lugar para onde o trabalhador foi transferido, onde a ação será intentada, salvo na existência de transferência provisória que não chegou a consumar-se. Se o empregado não aceita a transferência e não chegou a trabalhar nenhum dia para o local onde seria transferido, competente é a Vara do local em que continua a prestar serviço. (MARTINS, 2017b, p. 205)

Ainda de acordo com Martins (2017b, p. 204): "O objetivo da lei é que o empregado possa propor a ação no local da em que tenha condições de melhor fazer sua prova, que é no local onde por último trabalhou, fazendo com que o empregado não tenha gastos desnecessários para ajuizar a ação".

É justamente para que o princípio do protecionismo possa ser exercido pelos trabalhadores que a norma celetista brasileira prevê outras hipóteses de determinação da competência territorial para processos trabalhistas, dentre elas, o local de residência do empregado ou o local da contratação, ou seja, o local do início do vínculo empregatício.

Apesar de a norma da capital federal da Argentina possuir maior amplitude na determinação da competência territorial, como visto anteriormente, a doutrina argentina se posiciona de forma similar ao entendimento do Sergio Pinto Martins. Assim dispõem os escritos de Fálcon (2013, p. 198):

> La doctrina ha criticado la amplitud de esta fórmula por considerar que es el juez del lugar del trabajo el que ofrece mayores ventajas en razón de la proximidad de la prueba.

> Según la Corte Suprema de Justicia de la Nación, la norma de la ley procesal del trabajo de la Capital Federal, por la que se establece la competencia del juez del lugar del trabajo, del domicilio del demandado o del lugar donde se hubiere celebrado el contrato, a elección del demandante, para las causas referentes al Derecho del Trabajo, tiene carácter nacional que resuelve, con la autoridad que la da dicha naturaleza, los conflictos de competencia que se originan en el ámbito de las provincias como de la Nación.

Ainda assim, fica a critério do empregado escolher o local da propositura da ação, e, desde que respeitadas as possibilidades descritas no art. 24 da Ley 18.345, a competência territorial estará garantida.

8.1.2 Competência jurisdicional do local de domicílio do trabalhador

Outra possibilidade elencada pelo art. 651 da CLT consiste no local onde o empregado, ou seja, o polo hipossuficiente da relação, tiver o seu domicílio[7]. Eis a típica maneira que o legislador encontrou de aplicar o princípio protecionista ao litígio, visto que a demanda deve ser proposta no local de maior facilidade para o empregado comprovar seu direito.

Contudo, para que essa prerrogativa possa ser exercida, a norma celetista pressupõe uma condicionante, qual seja, o empregador não possuir filial ou agência à qual o empregado seja subordinado diretamente, ou, ainda, determinada. A respeito dessa condicionante, é necessário destacar o parágrafo segundo do art. 651 da CLT, o qual preleciona que:

> § 1º - Quando for parte de dissídio agente ou viajante comercial, a competência será da junta da localidade em que a empresa tenha agência ou filial e a esta o empregado esteja subordinado e, na falta, será competente a junta da localização em que o empregado tenha domicílio ou a localidade mais próxima. (BRASIL, 1945, p. 1)

O exercício dessa prerrogativa concedida pela norma celetista brasileira ocorre muito nos casos de empregados viajantes, o que, nas palavras do Martins (2017b, p. 205), nada mais é do que "pessoas que prestam serviços de vendas em mais de um município, representando o empregador, não se fixando diretamente a uma localidade". Tão logo, também é chamado de representante comercial.

---

[7] O Código Civil brasileiro estabelece que o domicílio da pessoa natural é o lugar onde ela estabelece a sua residência com ânimo definitivo, conforme se verifica no art. 70.

Porém, a respeito dessa prerrogativa de propositura e trâmite do processo trabalhista, é necessário pontuar que:

> Somente será aplicada a orientação de que a ação deve ser proposta no local do domicílio do empregado ou na localidade mais próxima, quando o obreiro não esteja subordinado a agência ou filial. A lei indica essa orientação ao usar a expressão "na falta". A regra do foro do local do domicílio está prevista no § 1º do art. 651 da CLT e não no § 3º. Neste, a ação não será proposta no domicílio do autor, mas no local da contratação ou da prestação de serviços. (MARTINS, 2017b, p. 206)

Já no que tange ao ordenamento jurídico da capital federal da Argentina, é necessário destacar que, mesmo a Lei 18.345 permitindo que o trabalhador opte pelo local da propositura da ação, deve-se respeitar os critérios de determinação do local do trabalho. Por fim, salienta-se, ainda, que a norma argentina não prevê a possibilidade da propositura da ação no local de domicílio do empregado, a não ser que este seja o demandado na lide, ou seja, o réu. A possibilidade elencada no art. 24 da Ley 18.345 é para com o domicílio do demandado.

8.1.3 Competência jurisdicional estipulada no local onde se efetivou a contratação do trabalhador ou do labor que se efetivou em diversas localidades

Esta hipótese de competência territorial por local de contratação do trabalhador é prelecionada no § 3º do art. 651 da CLT e exceção ao disposto no caput do referido artigo. Para compreender essa afirmação, é necessário destacar o texto legal de forma *ipse literis*. Vejamos:

> § 3º - Em se tratando de empregador que promova realização de atividades fora do lugar do contrato de trabalho, é assegurado ao empregado apresentar reclamação no foro da celebração do contrato ou no da prestação dos respectivos serviços (1943, p. 1).

De acordo com Martins (2017b, p. 207), "a regra contida no § 3º do art. 651 da CLT deve ser utilizada nos casos em que o empregador desenvolve suas atividades em locais incertos, transitórios ou eventuais". E, para que não haja interpretação contraditória da legislação pátria brasileira, a doutrina indica que esse dispositivo seja interpretado de forma sistemática e harmônica, sendo exceção ao descrito no caput. Ou seja, inexistindo determinação fácil a respeito do local de exercício do labor, garante-se ao empregado a competência territorial para tramitação da lide trabalhista no local de celebração do contrato ou em uma das localidades de prestação do serviço.

Salienta-se que esse artigo não é taxativo a fim de restringir que, nos casos de labor em mais de uma localidade, como ocorre com motoristas de ônibus interurbanos, a demanda somente poderá ser proposta onde houve a celebração do contrato. Fica a critério e à escolha do empregado, podendo, ainda, ser proposta no local onde o contrato foi firmado.

8.1.3.1 Competência jurisdicional de empregado brasileiro laborando no exterior

Ainda no que tange à determinação da competência territorial para propositura e tramitação das demandas trabalhistas, é necessário pontuar a respeito da hipótese descrita no art. 651, § 2º da CLT. De acordo com a norma celetista brasileira:

> § 2º - A competência das Juntas de Conciliação e Julgamento estabelecidas neste artigo, estende-se aos dissídios ocorridos em agência ou filial no estrangeiro, desde que o empregado seja brasileiro e não haja convenção internacional dispondo em contrário. (1943, p. 1)

A respeito dessa temática, elenca-se o postulado por Sergio Pinto Martins (2017b, p. 207), quem aduz que:

> Se o empregado for trabalhar no estrangeiro, terá competência a Vara do Trabalho para dirimir a questão, desde que o empregado seja brasileiro e não haja convenção internacional dispondo em sentido contrário. A lei de direito material a ser aplicável, porém, será a vigente no país da prestação do serviço e não aquela do local da contratação, ou seja: os direitos trabalhistas serão analisados de acordo com a lei estrangeira, embora a Vara do Trabalho tenha competência para examinar a questão, se a empresa tiver agência ou filial no Brasil.

A exposição do doutrinador é clara. A legislação brasileira pressupõe que, se a empresa possuir filial ou agência no Brasil, mesmo que o brasileiro labore no exterior, a Justiça do Trabalho brasileira será competente para processar e julgar a lide, desde que não exista convenção internacional dispondo o contrário. Ocorrendo caso com narrativa semelhante, a competência será realizada territorialmente no local onde o contrato fora assinado, ou ainda, onde o empregador tenha sede no país.

A legislação argentina trata a temática de labor no exterior um pouco diferente do ordenamento brasileiro. De acordo com Fálcon (2013, p. 204):

> La Justicia Nacional del Trabajo es competente para entender en la demanda por despido contra una sociedad constituida en el extranjero, que tiene registrado su domicilio en la Capital Federal conforme a los estatutos y al artículo 287 del Código de Comercio.

Entretanto, se a sociedade empresária estrangeira, ou seja, o empregador, não tiver domicílio nos limites territoriais do país, a jurisprudência argentina entende que:

> No es competente la justicia del trabajo de la Capital Federal en la demanda por despido, si el cumplimiento del contrato laboral se realiza en la República Del Paraguay, no probándose que tuviera su domicilio en aquella ciudad la sociedad anónima demandada. Pero en virtud del artículo 56 del Tratado de Montevideo y la opción establecida en el mismo, es competente la justicia argentina para entender en las acciones por cumplimiento de contrato a ejecutarse en el extranjero si el demandado tiene su domicilio en la República. (FÁLCON, 2013, p. 203-204)

Ou seja, no ordenamento jurídico da capital federal da Argentina, tem como pronto principal para local de propositura da ação trabalhista, no que tange à temática do domicílio, a existência de domicílio e residência do demandado, dentro dos limites territoriais do país.

8.1.4 Competência jurisdicional do local de domicílio do empregador

Conforme fora anteriormente tratado, embora a norma da capital federal da Argentina permita que o empregado escolha o local de propositura da ação, desde que respeitando as possibilidades elencadas no art. 24 da Ley 18.345, existe uma diferença clara no que diz respeito à possibilidade de propositura frente ao local de domicílio.

De acordo com o art. 24 da Ley 18.345, o demandante poderá escolher o local da propositura da ação, e, dentre as possibilidades de escolha, encontra-se o domicílio do demandado, e não do demandante, como no ordenamento jurídico brasileiro. Frente a isso, mais uma vez, o nobre jurista Fálcon (2013, p. 200) esclarece:

> El domicilio real de las personas es el lugar donde tiene establecido el asiento de su residencia y de sus negocios (art. 89, Cod. Civ.). [...] El domicilio del demandado contemplado en el artículo 24 de la ley 18.345, como supuesto de atribución de competencia, es el existente al practicarse la notificación de la demanda.

O entendimento jurisprudencial argentino corrobora com o postulado doutrinário supraelencado. Como forma de demonstrar tal aspecto, cita-se jurisprudência colacionada por Fálcon em seu livro (2013, p. 201), o qual discorre que:

> Jurisprudencia. El "domicilio" es el asiento jurídico de la persona o sede legal de ésta y ha sido definido por la norma como el lugar donde tienen establecido el asiento principal de su residencia y de sus negocios (art. 89 del Cod. Civ.). Esta noción tiente ínsita en su caracterización, tal como lo han señalado desde antiguo la doctrina y la jurisprudencia, a la permanencia. Tanto la "habitación" como la "residencia" tienen relevancia para fijar la competencia sólo cuando el accionado no tuviese domicilio conocido (art. 90, inc. 5º Cod. Civ.) No es atendible el argumento de la actora referido a que durante el tiempo en que duró el vínculo laboral, la demandada tuvo su domicilio en esta Ciudad de Buenos Aires, pues el criterio que establece la norma que comentamos se refiere al domicilio del empleador al momento de notificación de la demanda.

Atualmente, esse posicionamento é mantido, tendo em vista a nova redação do Código Civil e Comercial argentino, o qual determina, em seu art. 73, que "si ejerce actividad profesional o económica lo tiene en el lugar donde la desempeña para el cumplimiento de las obligaciones emergentes de dicha actividad".

9

A INEFICIÊNCIA EXECUTÓRIA DO DEVEDOR COM DOMICÍLIO E PATRIMÖNIO EXEQUÍVEL NO EXTERIOR

Conforme tratado no capítulo 7 da presente obra, o processo do trabalho possui duas grandes fases. A primeira é denominada de cognição e tem como principal atividade a apuração e definição do direito pleiteado. A segunda fase é denominada execução e tem como responsabilidade o acesso do empregado ao direito que lhe foi definido na fase de cognição. Em outras palavras, o pagamento do crédito trabalhista é apurado na fase cognitiva. Esse pagamento pode ocorrer de forma voluntária, ou, ainda, compulsória, conforme já tratado anteriormente.

Caso o devedor não cumpra de forma voluntária com o seu dever de adimplemento frente ao crédito trabalhista apurado no processo do trabalho, a justiça se utilizará dos meios compulsórios[8] para efetivar o acesso do empregado ao seu crédito trabalhista. Entretanto, quando estamos diante de um empregador com domicílio e patrimônio fora dos limites territoriais onde a lide foi processada, tem-se início mais um embate.

Nos casos em que o devedor é insolvente mesmo após a realização dos procedimentos de execução compulsória, para que a finalidade do processo do trabalho possa ser atingida, é necessário buscar meios de efetivar o cumprimento da sentença em outros territórios onde o empregador possua bens. Identificando essa necessidade, os países criaram instrumentos de cooperação e assistência jurisdicional, a fim de alcançar o efetivo acesso do trabalhador aos créditos oriundos do seu vínculo empregatício.

---

[8] O poder judiciário trabalhista brasileiro tem se modernizado a ponto de se utilizar de sistemas bancários para efetivar bloqueios de valores em contas bancárias dos devedores, sendo tal ferramenta possibilitada por meio do convênio BacenJud, firmado entre o Banco Central do Brasil e o Poder Judiciário. Outro meio de se efetivar a execução processual tem sido implementado como o sistema RenaJud, que viabiliza a possibilidade de se criar restrições nos veículos automotores terrestres de propriedade do devedor.

9.1 A Carta Rogatória

Uma das formas de se conseguir realizar a execução compulsória de um processo trabalhista, cujo empregador possua domicílio e patrimônio fora dos limites territoriais do país onde a lide foi processada, é por meio da Carta Rogatória. Esta consiste em um instrumento de cooperação técnica jurídica, utilizado para requerer, a juízo estrangeiro, o processamento do direito apurado no país requerente.

Carta Rogatória é o ato de solicitação praticado por um juiz de um estado, destinado a um outro estado, para que lá se efetive um ato processual praticado pelo julgador solicitante. É uma forma de cooperação para que no estrangeiro se cumpra o que fora determinado no território nacional.

Esse instrumento jurídico passou a ser mais necessário e atuante com o advento da globalização, a qual trouxe a implantação de novas tecnologias e conceitos ao mundo. Também com o crescimento da globalização, houve a universalização de culturas e pensamentos, como os direitos humanos, e ocorreu a liberação da circulação de mercadorias, serviços, trabalho e dinheiro. Tão logo é possível perceber que os ordenamentos jurídicos sofreram alterações motivas pelas mudanças ocorridas na política e na sociedade, todas advindas do fenômeno da globalização. Frente a esse movimento e à integração jurídica, Luz (2014, p. 5) afirma que:

> O fenômeno da globalização caracteriza-se pelo avanço nos meios de comunicação e transportes nas últimas décadas, o que encurtou fronteiras e eliminou barreiras antes existentes, permitindo que o homem estabelecesse relações pessoais com indivíduos e empresas situadas em outros países. Este contato transnacional refletiu na esfera do Direito, uma vez que se multiplicaram os conflitos jurídicos com reflexo internacional, tanto na esfera cível quanto na criminal.

De acordo com Hirsch (2001 *apud* Sardegna, 2011) como:

> "[...] en el concepto (globalización) se hace referencia al triunfo del capitalismo. Simboliza para no pocos la esperanza del progreso, la paz, un mundo mejor. Mas desde otra óptica puede significar también dependencia, falta de autonomía, amenaza, la agonía de la sociedad nacional.

Ainda de acordo com Sardegna (2001, p. 11), "El mundo se ha globalizado. Se ha convertido en una aldea planetaria. Nos encontramos también hoy y aquí ante un proceso de integración". É nesse processo de integração que a Carta Rogatória tem exercido sua função, visto que:

> O grande crescimento das demandas envolvendo interesses transnacionais – seja no sentido ativo ou passivo – e a correspondente necessidade de produção de atos em um país para o cumprimento em outro, são tendências de crescente internacionalização da economia. Reflexo desse cenário internacional contemporâneo, a cooperação jurídica internacional figura como uma maneira de contribuir para a solução de controvérsias que ultrapassam as fronteiras de determinada nação. (BASILIO, 2017, p. 2)

Findada a definição da Carta Rogatória e a exposição acerca do papel que esta exerce frente às mudanças advindas com a globalização, é necessário pontuar a forma como esse instrumento é visto no ordenamento jurídico brasileiro, assim como no da capital federal argentina.

9.2.1 Procedimento da Carta Rogatória no Brasil

No Brasil, a Carta Rogatória está prevista na Constituição Federal e no Código de Processo Civil. Ambos os dispositivos legais abordam sobre a Carta Rogatória na modalidade ativa, quando é enviada para cumprimento no exterior, ou passiva, quando o ordenamento jurídico brasileiro recebe a solicitação de cumprimento por meio de Carta Rogatória.

O Código de Processo Civil discorre sobre as hipóteses de Carta Rogatória ativa e, em seu art. 236, elenca a existência de atos processuais que necessitam ser cumpridos por ordem judicial, dentre eles, as cartas. Esse artigo destaca, em seu parágrafo primeiro, que: "Art. 236 [...] §1º - Será expedida carta para a prática de atos fora dos limites territoriais do tribunal, da comarca, da seção ou da subseção judiciárias, ressalvadas as hipóteses previstas em lei" (BRASIL, 2015, p. 1)

Diante do exposto, na norma processual brasileira, é possível identificar que a finalidade da Carta Rogatória é praticar um ato judicial necessário ao bom andamento processual e ao exercício da teleologia deste, em limites territoriais além das fronteiras geográficas de sua competência. Isso pode ser confirmado na narrativa do art. 237 do Código de Processo Civil Brasileiro, o qual preleciona que: "Art. 237 - Será expedida carta: [...] II – rogatória, para que órgão jurisdicional estrangeiro pratique ato de cooperação jurídica internacional, relativo a processo em curso perante órgão jurisdicional brasileiro (BRASIL, 2015, p. 1).

Além de respeitar todos os requisitos legais, as Cartas Rogatórias ativas devem ser enviadas pelo tribunal emissor ao Departamento de Recuperação de Ativos e Cooperação Internacional do Ministério da Justiça, que as encaminhará ao órgão competente no exterior.

No que tange à realização da Carta Rogatória na modalidade passiva – ou seja, o Brasil como recebedor e a justiça brasileira como entidade cumpridora do requerimento elencado na Carta –, destaca-se o exposto no art. 109, inciso X da Constituição Federal de 1988, que discorre que é de competência dos juízes federais processar e julgar:

> X - os crimes de ingresso ou permanência irregular de estrangeiro, a execução de carta rogatória, após o "exequatur", e de sentença estrangeira, após a homologação, as causas referentes à nacionalidade, inclusive a respectiva opção, e à naturalização;

Após a Emenda Constitucional 45 de 2004, o Superior Tribunal de Justiça passou a ser o órgão competente para conceder o *exequatur* das Cartas Rogatórias, ou seja, a autorização e ordem de cumprimento do pedido rogatório no Brasil, e, após isso, é encaminhada à Justiça Federal, que deve efetivá-la, conforme exposto alhures, e ainda no art. 13 da Resolução 09/2005, do Superior Tribunal de Justiça:

> Art. 13 A carta rogatória, depois de concedido o exequatur, será remetida para cumprimento pelo Juízo Federal competente.
>
> §1º No cumprimento da carta rogatória pelo Juízo Federal competente cabem embargos relativos a quaisquer atos que lhe sejam referentes, opostos no prazo de 10 (dez) dias, por qualquer interessado ou pelo Ministério Público, julgando-os o Presidente.
>
> §2º Da decisão que julgar os embargos, cabe agravo regimental.
>
> §3º Quando cabível, o Presidente ou o Relator do Agravo Regimental poderá´ ordenar diretamente o atendimento à medida solicitada.

Além dos procedimentos supraelencados, é necessário pontuar que, para que a Carta Rogatória possa ter sua eficácia atingida, a sua emissão deve respeitar alguns requisitos, os quais estão descritos na norma brasileira sob a narrativa do art. 260 e seguintes, do Código de Processo Civil. Dentre os requisitos, constam a indicação do juízo de origem e daquele para cumprimento do ato, despacho com descrição fática do pleito e decisão do magistrado responsável pela tutela jurisdicional em questão, descrição do ato processual a ser realizado, prazo para cumprimento e assinatura do magistrado. Ainda sobre esta temática, elenca-se o que foi dito por Luz (2014, p. 24):

> Inexistindo convenção internacional que autorize a comunicação direta entre autoridades centrais, a carta rogatória será enviada ao Brasil por via diplomática, cabendo então ao Ministério das Relações Exteriores encaminhá-la ao Ministério da Justiça, ao qual caberá efetuar a análise da documentação e conformidade dessa com os requisitos formais exigidos pela legislação brasileira, bem como transmiti-la ao STJ para que esse analise a possibilidade de concessão do exequatur, seguindo, a partir daí, o mesmo trâmite descrito para as cartas rogatórias baseadas em tratado internacional. Por fim, após o cumprimento ou não do pedido realizado pelo judiciário estrangeiro, o Ministério da Justiça devolverá a documentação ao Ministério das Relações Exteriores, o qual enviará o feito ao Estado de origem por via diplomática.

9.2.2 Procedimento da Carta Rogatória estrangeira na capital federal da Argentina

Na Argentina, existe a previsão da Carta Rogatória entre as províncias, a qual é elencada no art. 84 da Ley 18.345, que discorre:

> Art. 84 – Oficio y exhortos. Los oficios dirigidos a jueces nacionales y/o provinciales y los exhortos serán confeccionados por las partes y firmados por el juez y el secretario en su caso, entregándose al interesado bajo recibo en el expediente. Se dejará copia fiel en el expediente de todo exhorto y oficio que se libre.
>
> Los pedidos de informes, testimonios y certificados, así como los de remisión de expedientes ordenados en el juicio serán requeridos mediante oficios firmados, sellados y diligenciados por el letrado patrocinante, con transcripción de la resolución que los ordena y que fija el plazo en que deberán remitirse.
>
> Deberán otorgase recibo del pedido de informes y remitirse las contestaciones directamente a la secretaría con transcripción o copia del oficio. El plazo para contestar el informe será de veinte (20) días hábiles si se trata de oficinas públicas y de diez (10) días hábiles cuando se solicitare a entidades privadas.

> Las partes deberán acreditar el diligenciamiento dentro de los sesenta (60) días de la notificación del auto de apertura a prueba bajo pena de caducidad.

Além desse dispositivo legal, este instrumento também é elencado na Ley 22.172, que, trata sobre as formas de cooperação e assistência jurisdicional, em seu art. 1º, a seguir transcrito:

> Art. 1. La comunicación entre tribunales de distinta jurisdicción territorial, se realizará directamente por oficio, sin distinción de grado o clase, siempre que ejerzan la misma competencia en razón de la materia.
>
> No regirá esta última limitación cuando tenga por objeto requerir medidas vinculadas con otro juicio o con una oficina de la dependencia del tribunal al cual se dirige el oficio.

Porém, os procedimentos e a previsão legal supramencionada não se mostram eficazes, visto que estamos tratando da comunicação de processos estrangeiros. Em decorrência disso, destaca-se a Carta Rogatória estrangeira, mediante a qual é possível um documento estrangeiro, utilizado tanto para prova como para execução de sentença. A respeito desse instituto jurídico, o ordenamento jurídico da nação argentina prevê, à luz do art. 132 do Código Procesal Civil y Comercial de la Nacion, que:

> Art. 132 – Las comunicaciones dirigidas a autoridades judiciales extranjeras se harán mediante exhorto.
>
> Se dará cumplimiento a las medidas solicitadas por autoridades judiciales extranjeras, cuando de la comunicación que así lo requiera resulte que han sido dispuestas por tribunales competentes según las reglas argentinas de jurisdicción internacional y siempre que la resolución que las ordene no afecte principios de orden público del derecho argentino. En su caso, se aplicarán los demás recaudos establecidos en los tratados y acuerdos internacionales, así como la reglamentación de superintendencia.

A respeito das Cartas Rogatórias estrangeiras, também denominadas "exhortos", é necessário destacar que o Ministério das Relações Exteriores y Culto de La Republica Argentina (2007, p. 1) preleciona que, para a confecção, "El exhorto va dirigido, en principio, de juez a juez competente en la materia, con transcripción de la resolución judicial que ordena la medida, más los requisitos establecidos en las distintas convenciones". Esse posicionamento ocorre em decorrência das mudanças advindas com a Ley 24.635, a qual, de acordo com Guibourg (2012, p. 289):

> [...] todo oficio, exhorto o pedido de informes debe ser confeccionado y diligenciado por la parte que lo ofrece. Las comunicaciones dirigidas a jueces nacionales o provinciales deben ser firmadas por el juez y las restantes por el secretario; luego se entregan al interesado para su diligenciamiento. En los demás casos pueden se suscriptos por los letrados, con transcripción de la resolución que los ordena.

Temos, assim, os primeiros requisitos das Cartas Rogatórias estrangeiras na Argentina. Na sequência, faz-se preponderante destacar outras condições para utilização e aplicação de Cartas Rogatórias estrangeiras na Argentina, como é o caso do idioma no qual os termos dos documentos serão letrados. De acordo com os arts. 115 e 123 do Código Procesal Civil y Comercial de la Nacion, o documento a ser utilizado no ordenamento jurídico do cooperado, seja esse como meio de prova, seja para execução de sentença, deve estar redigido em espanhol. Esta tradução poderá ocorrer mediante profissional matriculado no tribunal (perito tradutores), ou por profissional contratado pela parte interessada.

Outro ponto que merece destaque diz respeito à autenticidade dos documentos a serem utilizados no ordenamento jurídico do país cooperado. Caso estivéssemos diante da Carta Rogatória entre províncias, elencada na Ley 18.345, a autenticidade poderia ser comprovada mediante declaração de testemunhas, ou, ainda, de nomeação de perito grafotécnico. Contudo, ao se tratar de Carta Rogatória estrangeira, a validação dos documentos a serem utilizados não é tão simples. O primeiro item a ser verificado no caso de Carta Rogatória estrangeira é a existência de fato e ato jurídico com assinatura de funcionário que a emitir, assim como a finalidade do referido documento.

Essa verificação pode ocorrer por meio do apostilamento, que consiste em um procedimento para se verificar a autenticidade do documento estrangeiro, regulamentada pela Convenção de Haia de 1981, a qual foi aprovada na Argentina pela Ley 23.458. Ainda a respeito da autenticidade dos documentos, é necessário pontuar o Acordo de Cooperação e Assistência Jurisdicional em Matéria Civil, Comercial, Laboral e Administrativa, ratificado pela Argentina sob a Ley 25.935. Esse também possui o Brasil como um dos países signatários, conforme será tratado no tópico subsequente.

Contemporaneamente se recorre à Carta Rogatória estrangeira, ou à Carta Rogatória diplomática, como meio de requerer a diligência necessária para obtenção da teleologia processual. Para tanto, em primeiro lugar, deve-se consultar se existe tratado de cooperação e assistência jurisdicional para a tramitação da Carta Rogatória diplomática. Caso positivo, aplicar-se-á o disposto no art. 132 do CPCC e, ainda, no art. 38 do Regulamento para a Justiça Nacional, o qual institui que:

> Las comunicaciones a los agentes diplomáticos extranjeros, se harán por oficio dirigidos al Ministerio de Relaciones Exteriores. Los exhortos a las autoridades judiciales extranjeras podrán remitirse directamente a los agentes diplomáticos argentinos o, en su defecto, a los cónsules acreditados en el país respectivo.

Destaca-se, ainda, que o ordenamento jurídico da Argentina admite a prevalência do princípio *locus regit actum*, o qual corresponde a ideia de que os atos jurídicos devam ser regidos pelas leis do lugar onde se celebrem tais atos, independentemente da nacionalidade dos envolvidos. Ainda assim, para aplicação das Cartas Rogatórias estrangeiras, devem ser analisados os acordos e termos de cooperação realizados entre os Estados envolvidos.

Uma vez compreendidas as formalidades a respeito da utilização da Carta Rogatória estrangeira, destaca-se as sábias palavras de Sixto Sánches Lorenzo e Juan Carlos Fernandéz Rozas (1996, p. 572):

> La eficacia extraterritorial o su valor jurídico se alcanza por un sistema distinto según se trate de un instrumento [que contiene un acto] o de una decisión judicial o arbitral. En ambos casos, la forma cumple una finalidad.

Conforme é possível perceber, o procedimento para utilização das Cartas Rogatórias estrangeiras na Argentina é burocrático e, apesar de isso decorrer da necessidade de autenticar a validação dos documentos em questão, torna todo o procedimento moroso. No intuito de amenizar os efeitos da burocracia e facilitar a tramitação de Cartas Rogatórias, a Ley 26.685 da Capital Federal de Buenos Aires autorizou a utilização de expedientes eletrônicos no cumprimento desse tipo de demanda. Essas alterações ocorreram com o objetivo de dar maior celeridade ao processo e, consequentemente, evitar maiores danos ao direito do trabalhador. Frente a isso, destaca-se as ponderações feitas por Guibourg (2012, p. 290-291):

> Incluso con anterioridad a la publicación de esta norma, tanto la Cámara del Trabajo como la Corte Suprema adoptaron distintas decisiones y formularon acuerdos tendientes a obtener información o practicar comunicaciones por medios

electrónicos. La Cámara del Trabajo celebró un acuerdo con la AFIP que permite obtener datos sobre registro de trabajadores, ingreso de aportes, acogimiento a moratorias, domicilios fiscales y plantillas de personas de un empleador determinado; por el mismo sistema de acceso con clave fiscal, es posible practicar las comunicaciones exigidas por los artículos 15 LCT y 132 LO. [...] Por acuerdos entre la Corte Suprema y distintos organismos públicos, por su parte, es posible acceder por medios electrónicos a información de la Cámara Nacional Electoral, de la Inspección General de Justicia, del Archivo General, de la Oficial de Mandamientos y Subastas y del Banco Ciudad.

Apesar dos esforços, a eficácia de tal procedimento não tem sido maximizada, levando as partes que buscam uma execução processual efetiva a uma jornada cronológica longa e, por muitas vezes, sem que o interessado viva para ver o resultado.

9.2.3 Procedimento de cooperação e assistência jurisdicional

É necessário ainda pontuar que tanto o Brasil quanto a Argentina, o Uruguai, o Paraguai e a Venezuela[9] participaram do Acordo de Cooperação e Assistência Jurisdicional em Matéria Civil, Comercial, Trabalhista e Administrativa, pois eles compõem os Estados parte do Mercosul, que foi recepcionado no ordenamento jurídico brasileiro, sob a égide do Decreto 6.891 de 2009, e no ordenamento jurídico da Argentina, sob a égide da Ley 25.935, e demais países por meio de instrumentos legislativos próprios. Foi nesse acordo que ficaram convencionados os meios de realização da cooperação e assistência jurisdicional entre os países membros, inclusive, destacando os meios e procedimentos para realização dessas.

Salienta-se que um dos meios de se realizar a cooperação e assistência jurisdicional é a Carta Rogatória, a qual fora abordada no art. 5º e seguintes do Decreto 6.891/2009. De acordo com este dispositivo legal, caberá Carta Rogatória em matéria civil, comercial, trabalhista ou administrativa, quando esta tenha por objeto: "a) diligências de simples trâmite, tais como citações, intimações, citações com prazo definido, notificações ou outras semelhantes; b) recebimento ou obtenção de provas".

---

[9] A República Bolivariana da Venezuela encontra-se suspensa de seus direitos e obrigações relativos à sua condição de Estado parte do Mercosul, em conformidade com o art. 5º, parágrafo segundo do Protocolo de Ushuaia. (https://www.mercosur.int/pt-br/decisao-sobre-a-suspensao-da-republica-bolivariana-da-venezuela-no-mercosul/)

Além do objeto das Cartas Rogatórias aos países do Mercosul mencionadas anteriormente, o Acordo de Cooperação e Assistência Jurisdicional em Matéria Civil, Comercial, Trabalhista e Administrativa entre os Estados parte do Mercosul, também predispõe sobre os requisitos, as etapas e a burocracia que as Cartas Rogatórias devem possuir e preencher.

Apesar de haver estipulação de procedimento no acordo de cooperação, assim como dever de estipulação de prazo para cumprimento do teor da Carta Rogatória, conforme exposto no art. 261 do Código de Processo Civil Brasileiro, o lapso temporal entre o envio desta e a sua devolução, com finalidade atingida de forma exitosa, ultrapassa os ditames da tramitação razoável do processo. Até mesmo porque o cumprimento da Carta Rogatória também deve observar os direitos vigentes e o processo burocrático no país receptor dessa.

9.3 Prescrição intercorrente e a caducidade

Frente à delonga no cumprimento das Cartas Rogatórias tratadas no tópico anterior, é necessário pontuar que, em muitos casos, o lapso temporal entre o envio e a resposta do cumprimento ou não do pedido rogatório incorre no que é chamado no ordenamento jurídico brasileiro de "prescrição intercorrente".

Em outras palavras, prescrição intercorrente é a perda do direito em razão da inércia processual do titular do direito, o qual deixou de praticar atos processuais necessários à execução, quedando paralisado o processo. O ordenamento jurídico brasileiro, atualmente em vigor, preleciona sobre a aplicabilidade da prescrição intercorrente nas esferas cível, penal e trabalhista. Esta última somente foi possível com o advento da Lei 13.467/2017.

No que tange à esfera cível, a previsão legal para tal aspecto está elencada nos arts. 921 caput §4º, e 924, caput V do Código de Processo Civil, os quais asseveram que:

> Art. 921: Suspende-se a execução:
>
> [...]
>
> III - quando o executado não possuir bens penhoráveis;
>
> [...]

> § 1º Na hipótese do inciso III, o juiz suspenderá a execução pelo prazo de 1 (um) ano, durante o qual se suspenderá a prescrição.
>
> [...]
>
> § 4º Decorrido o prazo de que trata o § 1º sem manifestação do exequente, começa a correr o prazo de prescrição intercorrente.
>
> Art. 924. Extingue-se a execução, quando:
>
> [...]
>
> V – ocorrer a prescrição intercorrente

Conforme supraexposto, nas leis brasileiras, a inércia processual do exequente, por um ano, ocasiona a perda do direito de executar o crédito em questão. Essa inércia pode ocorrer por diversos motivos, dentre eles, por estarem aguardando o cumprimento da Carta Rogatória enviada a ordenamento estrangeiro. Considerando os índices destacados no tópico anterior, é possível perceber que quase a totalidade dos pedidos de cooperação e assistência jurídica enviados em julho 2015 ainda não foi cumprida, visto que 93% continuam em andamento. Enquanto isso, 88% das solicitações enviadas em julho de 2016 também continuam em andamento.

Ou seja, considerando a aplicação da prescrição intercorrente a todas as solicitações realizadas em julho de 2015 e 2016, mais de 88% dos processos dos quais elas foram originadas estariam prejudicados, visto a ineficácia da cooperação jurídica. Tão logo, frente aos índices altíssimos, resta evidente a ineficácia dos meios de cooperação e assistência jurídica existentes na atualidade, dentre os quais, a Carta Rogatória é o mais utilizado.

Convém salientar que, no ordenamento jurídico da capital federal da Argentina, não há previsão sobre a ocorrência do instituto denominado de prescrição intercorrente. Contudo, apesar desse aspecto, diversos outros efeitos e prejuízos processuais podem ser causados pela delonga no cumprimento das Cartas Rogatórias.

Um desses prejuízos é a caducidade do requerido no ofício ou na carta precatória. De acordo com o penúltimo parágrafo do art. 84 da Ley 18.345, há estipulação de prazos para o cumprimento do requerido na Carta Rogatória ou no ofício, tanto por entes públicos como privados. Ultrapassado esse prazo e inexistindo a diligência motivada pela parte interessada, em 60 dias, haverá caducidade, principalmente nos pedidos referentes à produção de provas. Com a reforma advinda da Ley 24.635, as Cartas Rogatórias, os exorto, os ofícios e os pedidos de informação devem ser confeccionados e diligenciados pela parte interessada. Isso faz com que doutrinadores, como Guibourg, pontuem que:

> [...] en la medida en que no rige el impulso de oficio se considera aplicable al procedimiento laboral la previsión del artículo 402 CPCCN. En tal sentido, el transcripto artículo 5º de la Resolución 18/97 de la CNTrab. Dispone que, si vence el prazo para la contestación del oficio sin que se haya obtenido respuesta, la interesada dispone de cinco días para pedir reiteración y, si no lo hace la medida caduca de pleno derecho. Declarada la caducidad de un oficio, la parte no puede solicitar nuevas medidas tendientes a producir la misma prueba, aunque es de práctica que la respuesta tardía se incorpore en la acusa como prueba admisible. (GUIBOURG, 2012, p. 290)

Destarte, percebe-se que, assim como na legislação brasileira, existe previsão de prejuízos e problemáticas na legislação da capital federal da Argentina, se as solicitações por ofício e Carta Rogatória não forem cumpridas dentro do prazo legal. Isso posto, caso não respeitados os prazos legais, decorrerá a impossibilidade de o empregado ter acesso à teleologia processual desejada, ou seja, ao crédito trabalhista líquido.

9.4 Ineficiência da Carta Rogatória

A respeito do trâmite de cumprimento das Cartas Rogatórias, Luz (2014, p. 24) destaca que "[...] o tramite para o cumprimento das cartas rogatórias passivas é bastante burocrático e moroso, o que poderá resultar na ineficácia do procedimento judicial instaurado no estrangeiro, impedindo o alcance do ideal de Justiça". Não obstante ao processo burocrático de cumprimento, as Cartas Rogatórias ainda contam com o empecilho do abarrotamento do judiciário receptor dessas, como é o caso do brasileiro.

A respeito do procedimento burocrático e do respeito das leis internas de cada país membro do Mercosul, seja esse solicitante ou receptor das Cartas Rogatórias, é necessário pontuar o aludido no art. 12 do Decreto 6.891/09:

> A autoridade jurisdicional encarregada do cumprimento de uma carta rogatória aplicará sua lei interna no que se refere aos procedimentos.

> Não obstante, a carta rogatória poderá ter, mediante pedido da autoridade requerente, tramitação especial, admitindo-se o cumprimento de formalidades adicionais na diligência da carta rogatória, sempre que isso não seja incompatível com a ordem pública do Estado requerido.
>
> O cumprimento da carta rogatória deverá efetuar-se sem demora.

Embora exista a previsão legal para que o cumprimento da Carta Rogatória deva ocorrer sem morosidade, à aplicação das leis internas de cada território, associado ao trâmite burocrático, causam delongas prejudiciais ao processo e as partes envolvidas, visto que, na prática, não se tem conseguido atingir as expectativas e previsões elencadas no Acordo de Cooperação e Assistência em questão.

A morosidade do cumprimento do despacho contido na Carta Rogatória interfere diretamente no andamento processual no país de origem e, principalmente, influencia na vida do empregado, o qual depende do efetivo acesso ao crédito trabalhista conquistado na fase de cognição para exercer as condições mínimas e dignas de sobrevivência. O direito e crédito pleiteado nos processos trabalhistas são de natureza alimentar e, por essa razão, têm caráter de urgência na vida daquele que o pleiteia.

Outro aspecto que tem tornado as Cartas Rogatórias extremamente ineficazes diz respeito à resposta sem cumprimento do quantum requerido na mesma. Na maioria das vezes, o não cumprimento ocorre por falta de preenchimento dos requisitos internos do país recebedor (agente passivo), ou, ainda, por incongruências legislativas. Tão logo, é possível perceber que, mais uma vez, a burocracia excessiva prejudica a eficácia das Cartas Rogatórias.

Mensalmente, o Ministério da Justiça brasileiro publica estatísticas a respeito da cooperação e assistência jurídica, destacando a quantidade de pedidos, o tipo de matéria e os índices de cumprimentos das solicitações, sejam estas enviadas ou recebidas pelo Brasil. Acerca disso, pondera-se que, em julho de 2017, entre envios e recebimentos de solicitação de cooperação e assistência jurídica, houve 552 pedidos oficializados no Brasil.

Dentre as 552 solicitações, 19 dizem respeito à matéria trabalhista, ou seja, cerca de 3% do total, enquanto 328 dizem respeito à matéria cível. A Argentina participou diretamente, tendo sido parte em 32 pedidos, enquanto o Paraguai atuou em 33 solicitações, Uruguai em 24, e Bolívia em 15 solicitações. Do total de solicitações ocorridas em julho de 2017, 68% têm caráter de urgência, e 94% foram requeridos por meio de Cartas Rogatórias, o que denota um índice altíssimo de utilização desse instrumento.

Porém, apesar dos altos índices, até o presente momento, 32 solicitações já retornaram para adequação na forma do requerimento, três não foram cumpridas, e 490 se encontram enviadas aguardando cumprimento. No mesmo período do ano anterior, ocorreram 456 solicitações, sendo que, dessas, 297 foram realizadas por meio de Carta Rogatória, o que corresponde a 62% do total das solicitações. Até o presente momento, apenas duas foram cumpridas totalmente, 402 solicitações se encontram aguardando cumprimento, e 48 já retornaram aos países solicitantes para adequação do requerimento. Diante desses índices, é possível perceber que 88% de todas as solicitações de cooperação realizadas em 2016 continuam aguardando cumprimento.

Em julho de 2015, o total de solicitações de cooperação correspondeu a 451, sendo que 377 foram realizadas mediante Carta Rogatória, o que denota que 76% do total de pedidos ocorreu por meio do instrumento em destaque neste momento. Até o momento, 29 já foram devolvidas para adequação, duas não foram cumpridas, e 420 aguardam cumprimento. Ou seja, 93% de todas as solicitações continuam aguardando cumprimento, mesmo após o decurso de dois anos da data da solicitação.

Por fim, destaca-se ainda mais um problema inerente às Cartas Rogatórias, qual seja, a existência de países cujo ordenamento jurídico não recepciona este tipo de instrumento, o que faz com que a Carta Rogatória para fins executórios não seja possível de envio, ou, ainda, retorne sem cumprimento. Convém destacar que, em 2017, cerca de 10% do total de solicitações ocorreu acobertado pelo pacto da Convenção Interamericana de Cartas Rogatórias, e cerca de 6% decorreram do Acordo de Cooperação e Assistência Judiciária do Mercosul (Decreto 6.891/09).

Os índices de cumprimento efetivo das solicitações de cooperação e assistência jurídica são baixíssimos, enquanto a quantidade de pedidos que continuam aguardando cumprimento, desde 2015, encontra-se, sempre, superior a 75% do total de solicitações. Isso por si só compra a ineficácia das Cartas Rogatórias frente ao prazo razoável para cumprimento.

9.5 A impossibilidade da eficiência executória quando o devedor detém patrimônio no exterior

É notório e já fora amplamente esclarecido que o objetivo do processo trabalhista é alcançar o crédito do empregado, o qual é fonte de subsistência para s\este. Contudo, a partir do momento em que a execução trabalhista, principal etapa para atingir a teleologia processual, é descumprida no local de tramitação da lide, o último meio apto a conceder a execução é por meio dos instrumentos de cooperação.

Porém, diante de todo o exposto, é possível perceber que, atualmente, não existem meios eficazes de cooperação e assistência jurisdicional aptos a garantirem a efetividade executória. As Cartas Rogatórias, embora sejam o meio mais utilizado na contemporaneidade, são ineficazes em decorrência da burocracia e morosidade no seu cumprimento. Esses aspectos são contrários às razões inerentes ao processo do trabalho e toda a sua teleologia. Sobre este ponto, Leite (2016, p. 124) assevera que

> [...] o processo do trabalho surgiu da necessidade de se efetivar um sistema de acesso à Justiça do Trabalho que fosse, a um só tempo, simples, rápido e de baixo custo para os seus atores sociais (empregados e empregadores).

O procedimento e a burocracia atual atentam contra a dignidade da pessoa humana, uma vez que é o trabalho e os créditos oriundos deste que garantem acesso à moradia, a alimentos, entre outros. É nessa necessidade que surge a possibilidade de evitar a privação ou a dificuldade de garantir, ao empregado, o acesso ao direito líquido constatado no processo do trabalho.

10

ALTERAÇÃO DA COMPETÊNCIA TERRITORIAL NA BUSCA DE EFETIVIDADE DO CUMPRIMENTO DA SENTENÇA

Em capítulos anteriores, foi tratado de forma específica a respeito dos procedimentos de cognição e execução em processos trabalhistas no Brasil. Também foi demonstrada a estrutura jurídica inerente à competência processual da justiça especializada. De forma exemplificativa, foi demonstrado que, na legislação alienígena, há estruturas legais que se aproximam da legislação pátria, o que deixa claro que existem similitudes não somente no direito material, mas também no direito processual.

Necessário se faz entender que, havendo países onde a estrutura jurídica laboral se assemelhe, há pontos de convergências que possibilitam o real manejo dessas estruturas jurídicas com mister de se alcançar a finalidade tuitiva da norma laboral, solucionando o problema de execuções processuais frustradas ou ineficientes.

Independentemente do local de tramitação do processo trabalhista, seja este no Brasil ou na capital federal da Argentina, a partir do momento em que o direito do empregado é apurado na fase cognitiva e a execução voluntária não é eficaz, dá-se início à execução compulsória. Um dos meios de efetivação da execução compulsória, quando o empregador possui bens e recursos no exterior, é a utilização dos instrumentos de cooperação e assistência jurisdicional, dentre eles, o envio de Carta Rogatória para validação e cumprimento da sentença.

Considerando as etapas processuais anteriormente abordadas, sugere-se a análise da seguinte situação hipotética que, por muitas vezes, se vislumbra na realidade processual dos tribunais trabalhistas: um trabalhador que laborou no Brasil para empresa de capital argentino e sede na capital federal da Argentina, e, no encerramento do contrato de trabalho, fez-se necessário o ingresso na Justiça do Trabalho brasileira para apuração e acesso aos direitos suprimidos pelo empregador. Findada a fase de cognição, ficou constatado pela justiça brasileira que o empregado possuía direito a crédito oriundo do referido vínculo empregatício.

Iniciados os procedimentos executórios, o empregador não cumpriu voluntariamente a condenação, desencadeando na execução compulsória. Depois de realizados todos os procedimentos de execução compulsória, já previamente abordados, os créditos do empregado não foram adimplidos, visto que o empregador não possui bens ou créditos no território brasileiro, mas tão somente na capital federal da Argentina, local de sede da empresa. Com isso, fora enviada Carta Rogatória à capital federal da Argentina, para que a sentença possa ser validada e cumprida.

Diante da situação hipotética destacada e dos procedimentos mencionados nos capítulos anteriores, a Carta Rogatória deverá respeitar os tramites internos do ordenamento jurídico da capital federal da Argentina. Ocorre que, conforme fora destacado anteriormente em capítulo próprio, existe uma parcela das solicitações que retornam ao país que enviou a Carta Rogatória para adequação formal dessas, além do fato inconteste da possibilidade real de sobrepujar sobre a demanda o instituto da prescrição intercorrente. Isso faz com que o cumprimento efetivo das solicitações seja postergado diante da burocracia.

Se isso ocorrer com a situação hipotética supradestacada, a Carta Rogatória retornará ao Brasil, para que seja procedida com as adequações necessárias, e novamente será enviada à capital federal da Argentina. Esse aspecto ocasionará uma delonga no efetivo cumprimento da sentença.

Considerando que não haja necessidade de realização de adequações na solicitação enviada por meio de Carta Rogatória, ou, ainda, que as adequações foram cumpridas, terá início o procedimento para cumprimento da sentença trabalhista destacada no caso hipotético. Para tanto, será realizada uma análise legislativa e adequação do direito declarado na fase cognitiva processual brasileira para com a legislação da capital federal da Argentina. Associado a isso, também ocorrerá a citação do executado e, após tal aspecto e a conversão das legislações, poderá ser realizado o efetivo cumprimento da sentença.

Contudo, é necessário destacar que a convergência de legislações entre o ordenamento jurídico do solicitante com o do país receptor da Carta Rogatória poderá não ocorrer de forma imediata, requerendo esforços mútuos para adequar o direito constatado na fase cognitiva do país solicitante com a legislação do país responsável pelo cumprimento da sentença. Porém, o esforço mútuo nesse desiderato esbarra nas limitações inerentes à forma e ao conteúdo da própria Carta Rogatória, limites abordados no Decreto 6.891

de 2009 ou na Ley 225.935, também denominado de Acordo de Cooperação e Assistência Jurisdicional do Mercosul. Associado a isso, ainda vigora a necessidade de que toda a tramitação ocorra em uma duração razoável, pois jamais se deve olvidar da real possibilidade de incidência dos institutos da prescrição intercorrente ou até na caducidade.

Todos os pontos tratados anteriormente no caso hipotético levantado, associado ao já destacando no capítulo anterior, denotam a alta ineficácia das Cartas Rogatórias, principal meio de cooperação e assistência jurídica da contemporaneidade. Para que, de fato, se tenha acesso ao direito das partes, é necessário vislumbrar outros meios de cognição e execução processual. É neste cenário que se elenca a possibilidade e necessidade de alteração da competência territorial para tramitação de processos de natureza trabalhista, revestindo-se do manto principiológico que, acima de tudo, deve resguardar a dignidade do hipossuficiente por meio do caráter tuitivo da norma.

10.1 A eficiência executória como meio determinante de competência da fase processual de cognição

Com a alteração da competência territorial para a tramitação do processo trabalhista, desde a sua fase cognitiva, sob os ditames do ordenamento jurídico do local em que melhor tiver condições de efetivar o cumprimento da sentença, os embates frente à necessidade de adequação formal das solicitações enviadas por meio de Carta Rogatória, assim como as dificuldades encontradas na convergência de legislações, são evitados, visto que a cognição do processo será realizada integralmente sob a égide de legislação única.

Constatando-se a existência de um vínculo empregatício de trabalhador com empresa transnacional, nada mais adequado do que a tramitação do processo judicial em local onde há possibilidade de cumprimento eficaz da sentença. Isso posto a fim de resguardar o aludido nos princípios trabalhistas de proteção ao empregado. Em outras palavras, uma forma eficaz de garantir que o trabalhador tenha acesso ao crédito trabalhista, que possui caráter alimentar, é permitir a ele que escolha o local de tramitação do processo desde a sua fase cognitiva, justamente sob o manto digno do respeito ao caráter protetivo da norma juslaboral.

Outro aspecto que torna o acesso à teleologia processual extremamente prejudicada, quando é necessário a tramitação do processo em mais de um ordenamento jurídico, corresponde ao excesso de processos já existentes em ambas as localidades. O sistema judiciário abarrotado prejudica a conquista da teleologia processual, além de criar uma delonga acentuada ao andamento processual.

O processo judicial que tramita sob a égide de legislação unificada, ou seja, dentro de um mesmo ordenamento jurídico, tem maiores chances de atingir a sua teleologia, do que aquele que necessita do manejo de Cartas Rogatórias e que, por conseguinte, tramita sob a aplicação de mais de um ordenamento jurídico àquela demanda.

Cabe destacar que, estando todo o processo envolto em um mesmo ordenamento jurídico, a duração do processo é reduzida, não havendo necessidade de utilização dos meios de cooperação e assistência jurisdicionais convencionais.

Por estarmos diante de direitos e créditos trabalhistas, os quais têm natureza alimentar, a durabilidade razoável do processo é essencial. Infelizmente, os meios de cooperação atualmente convencionados não são eficazes quanto ao acesso à teleologia e à duração razoável do processo. Ocorre, porém, que essa ampliação de competência territorial destacada e necessária não ocorre na atualidade, visto que o procedimento padrão gira em torno tão somente da cooperação e assistência jurisdicional. Por essas razões, a ampliação da competência territorial é de extrema necessidade e possibilidade.

Vislumbra-se que a resistência para que não seja promovida a ampliação da competência processual laboral de cunho internacional funda-se apenas no positivismo legalista extremado kelseniano[10], sem observância dos princípios norteadores do direito laboral, sem valorar a real teleologia do direito processual laboral.

O objetivo principal do trabalhador, ao acessar a Justiça do Trabalho e, consequentemente, a teleologia do processo, deve ser considerado como ponto determinante na implementação efetiva da competência territorial, pois assim gerará a real possibilidade de uma condução processual mais eficiente do ponto de vista do resultado executório.

---

[10] Hans Kelsen foi um filósofo e jurista austríaco, autor de *Teoria Pura do Direito* (título original em alemão: *Reine Rechtslehre*), livro escrito em 1934. Dentre seus vastos conceitos e argumentos, vislumbrava a norma positivada como sendo conclusiva em si. Sendo assim, seria desnecessário uma análise sociológica, filosófica ou até teleológica que pudesse viabilizar uma interpretação do direito mais satisfatória às necessidades sociais.

10.2 Inexistência de impedimentos legais, jurisprudenciais ou doutrinários para a implementação da alteração de competência territorial

A alteração de competência territorial para o local onde há maior possibilidade de cumprimento eficaz da condenação é plenamente possível quando analisamos os ordenamentos jurídicos do Brasil e de outros países. Não há previsão legal taxativa que proíba a realização da alteração de competência territorial na fase cognitiva. Em verdade, o que existe é a real possibilidade para que esse tipo de procedimento seja realizado e, consequentemente, aumentem as chances de se obter e exercer a teleologia do processo do trabalho, a qual consiste no acesso do trabalhador ao crédito oriundo da relação empregatícia por ele vivenciada.

Como forma de demonstrar que não somente no Brasil inexiste proibições para a alteração de competência territorial, vislumbra-se que a legislação da capital federal da Argentina, no art. 24 da Ley 18.345, discorre que, desde que o réu possua sede no território de competência daquela comarca, a ação poderá tramitar naquela localidade desde a sua propositura, ficando essa opção condicionada à escolha do trabalhador.

Contudo, é necessário pontuar que não há proibição nas normas brasileiras para a realização da alteração da competência em favor de uma eficiência executória acobertada pela teleologia processual. Até mesmo porque, conforme princípio de proteção do trabalhador e *in dubio pro operário*, sempre que os interesses do trabalhador forem protegidos ou resguardados, se aplicará a norma no seu formato mais benéfico ao empregado.

Também não há impedimento para realização da temática versada neste capítulo, proposta nas convenções e recomendações da OIT. Contemporaneamente, o Brasil atua como país ratificante de cerca de 100 convenções da OIT, dentre as tais, nenhuma delas trata sobre a temática da cognição processual ocorrer no local de maior eficiência executória.

Em contrapartida, a OIT se manifesta sobre a necessidade de proteção ao trabalhador, seja de forma a garantir direitos trabalhistas, tais como descanso e férias remunerados, seja a criar restrições ao trabalho escravo e infantil. O mesmo ocorre quando estamos diante do trabalho em condições perigosas, seja na concessão de adicionais na remuneração, seja a impedimentos ao labor de mulheres e crianças em condições de exposição a perigo. A OIT também se preocupou com o trabalhador ao publicar a Resolução 180, a qual trata da necessidade de proteção ao crédito trabalhista em caso de insolvência:

(1) A los efectos de la presente Recomendación, el término *insolvencia* designa aquellas situaciones en que, de conformidad con la legislación y la práctica nacionales, se ha abierto un procedimiento relativo a los activos de un empleador con objeto de pagar colectivamente a sus acreedores.

(2) A los efectos de la presente Recomendación, los Miembros pueden extender el término "insolvencia" a otras situaciones en que no puedan pagarse los créditos laborales a causa de la situación financiera del empleador, en particular las siguientes:

(a) cuando haya cerrado la empresa o hayan cesado sus actividades, o sea objeto de una liquidación voluntaria;

(b) cuando el monto de los activos del empleador sea insuficiente para justificar la apertura de un procedimiento de insolvencia;

(c) cuando las sumas que se adeudan al trabajador, en razón de su empleo, estén en vías de cobro y se constate que el empleador carece de activos o que éstos no bastan para pagar la deuda en cuestión;

(d) cuando haya fallecido el empleador, se haya puesto su patrimonio en manos de un administrador y no puedan saldarse las sumas adeudadas con el activo de la sucesión:

(3) La medida en que los activos de los empleadores estarán sujetos a los procedimientos establecidos en el subpárrafo 1) debería ser determinada por la legislación o la práctica nacionales.

2. Las disposiciones de la presente Recomendación pueden aplicarse por vía legislativa o por cualquier otro medio conforme a la práctica nacional.

Esse é o posicionamento da OIT mais próximo à temática em questão, qual seja, proteção, garantia e acesso ao crédito trabalhista, como fim necessário a ser alcançado ao fim de uma execução processual. Não há meio mais benéfico ao empregado do que poder tutelar seus direitos desde a fase cognitiva em local onde a execução possui maiores chances de ser cumprida de forma eficaz. Para a teleologia do processo do trabalho e sob a especial ótica do trabalhador hipossuficiente, de nada vale a constatação do direito na fase cognitiva, se a fase executória se dá frustrada, seja por insolvência do devedor em território pátrio, seja por ineficiência dos meios de cooperação e assistência judicial entre países.

11

CONCLUSÃO

O processo do trabalho é o instrumento utilizado para tornar efetivo o direito fundamental do trabalhador. Ele surgiu a partir da necessidade de promover o cumprimento dos direitos e deveres inerentes à relação empregatícia. Muitas vezes, em decorrência da hipossuficiência do empregado, tais obrigações não são observadas de forma correta e/ou espontânea por parte do empregador.

Verifica-se, ainda, que o exercício da tutela jurisdicional perante o processo do trabalho requer o preenchimento de alguns requisitos, entre os quais, a competência territorial para tramitação da lide. Dentre todas as possibilidades elencadas na Consolidação das Leis Trabalhistas, norma vigente no Brasil, e nas Ley del Contrato de Trabajo e Ley 18.345/98 da Capital Federal de Buenos Aires, identifica-se que não há proibições legais para que as demandas judiciais trabalhistas sejam propostas no local onde há maior possibilidade de eficácia executória, ou seja, acesso efetivo ao crédito líquido do trabalhador.

Não se pode olvidar do fato inconteste de que o trabalhador, ao prestar seu labor, tem como primordial interesse, que o seu empregador cumpra com a obrigação de lhe dar o que é seu por direito, especialmente o seu crédito remuneratório.

A teleologia do processo do trabalho passa pela observação das normas e visa à satisfação do direito do trabalhador. Esses direitos repercutem em crédito remuneratório, podendo até ter caráter indenizatório. Assim, podemos alcançar a ideia de que todo o trabalho visa, ao final, à satisfação de um direito que repercute monetariamente na vida desse trabalhador. Por sua vez, o processo juslaboral também tem o mesmo mister.

A fase cognitiva do processo corresponde ao momento processual de apuração e constatação das características e peculiaridades do vínculo empregatício, com o mister de se conhecer os direitos inerentes àquela causa. É nesta fase processual que ocorrem as tentativas de solução do conflito por conciliação, a produção de provas documentais e testemunhais, a apuração da situação fática ocorrida e a interpretação das normas a essa realidade, conhecendo-se, portanto, os direitos e deveres.

A decisão transitada em julgado é o ato que marca o encerramento da fase cognitiva do processo. Essa é a chancela final da sentença ou o acórdão de declaração do direito pleiteado, direito este o qual será objeto na fase executória. Ou seja, é por meio da fase cognitiva que o objeto almejado com o processo é determinado, decisão essa que declara e reconhece os direitos devidos ao caso concreto. Logo após, nasce a fase de execução, materializando os direitos em forma de crédito.

A etapa que corresponde à fase executória, oportunidade na qual a concretização do direito apurado em decisão cognitiva será realizada. É nesse momento processual que se permite a conquista teleológica do processo do trabalho. Porém, esse não é um momento processual simples, visto que muitos empregadores não cumprem a sentença de forma voluntária, o que enseja o cumprimento compulsório. Este pode ocorrer mediante bloqueio em contas ou, ainda, penhora de bens.

Sendo necessária a execução compulsória da sentença, tem-se início a mais um processo longo e penoso. Não obstante se o empregador for domiciliado em território estrangeiro, as delongas e dificuldades encontradas para executar a sentença são majoradas. O procedimento executório se torna excessivamente burocrático, visto que, em regra, será necessário envio de Carta Rogatória ao exterior, para buscar o cumprimento da sentença.

O procedimento moroso e a burocracia atual atentam contra a dignidade da pessoa humana, uma vez que é o trabalho e os créditos oriundos deste que garantem acesso à moradia, a alimentos, entre outros.

Visando a atingir a finalidade do direito do trabalho, o processo do trabalho tem papel essencial nas relações conflituosas empregatícias, visto que compete a este apurar, decidir e garantir acesso do trabalhador ao crédito remuneratório, quando existente algum embate oriundo dessas relações. Diante desse papel, vislumbramos que a finalidade do processo do trabalho é conceder ao trabalhador acesso ao direito trabalhista conferido por lei.

Infelizmente, os meios de cooperação internacional atualmente convencionados – ou seja, o sistema atual de execução processual internacional – são morosos e ineficientes. Contudo, a ampliação de competência territorial destacada nesta obra, apesar de não estar atualmente regulamentada e, consequentemente, não ocorrer na atualidade, seria a solução eficaz para esse problema.

O objetivo principal do trabalhador ao acessar a Justiça do Trabalho e, consequentemente, a teleologia do processo deve ser o ponto determinante na questão da competência territorial. Mesmo que, para alguns trabalhadores, acessar a justiça em outro país seja custoso financeiramente, eles devem possuir o direito à escolha de qual competência territorial adotar, visando à busca de uma execução eficiente, embasada no fato de que a competência territorial processual deva ser aquela em que o empregador detenha patrimônio, o que viabilizaria a efetivo cumprimento do *quantum* determinado em juízo.

Faz-se necessário pontuar que não há proibição nas normas brasileiras, ou argentinas, para a realização da alteração da competência em favor dos interesses do empregado. Até mesmo porque ambos os ordenamentos abraçam a aplicação do princípio de proteção do trabalhador e de todos os demais princípios. Sempre que os interesses dele forem os de ser protegido ou resguardado, aplicar-se-á a norma no seu formato mais benéfico ao empregado. Frisa-se, por fim, que também não há impedimentos para a expansão da competência territorial trabalhista desde a fase cognitiva nas convenções e recomendações da OIT.

Por certo, de nada adiantam os sistemas jurídicos com seus princípios e suas normas, se a teleologia processual não puder ser atingida. Perceber que a ampliação da competência territorial para os processos trabalhistas pode tornar essa ceara mais eficaz e, consequentemente, minimizar os danos causados à dignidade da pessoa humana é oferecer uma nova solução à contemporaneidade.

REFERÊNCIAS

ABOLIÇÃO da escravatura no Brasil. **Resumo**. [2007]. Disponível em: http://www. historiadobrasil.net/abolicaodaescravatura/. Acesso em: 2 fev. 2024.

ALMEIDA, Amador Paes de. **Curso prático de processo do trabalho**. 6. ed. ampl. e atual. de acordo com a Constituição Federal de 1988. São Paulo: Saraiva, 1993.

ALVARENGA, Estelbina Miranda. **Metodologia da Investigação Quantitativa e Qualitativa** – Normas Técnicas de apresentação de Trabalho Científico. 3. ed. Assunção, PY: A 4 Diseños, 2011.

ALVES, Ivan Rodrigues. **Teoria e Prática do Direito do Trabalho**. 9. ed. São Paulo: LTr, 1995.

ARGENTINA. **Constitución de la Nación Argentina**. Buenos Aires: Códice, 2007.

ARGENTINA. **Legislación procesal laboral**. Buenos Aires: [s. n.], 2000.

ARGENTINA. **Ley 11.723**. [s. l.]: Ediciones del Pais, 2011.

BASILIO. Tarcísio Guedes. **O Cumprimento das cartas rogatórias passivas pelo superior Tribunal De Justiça**. Disponível em: https://www.google.com.br/url?sa=t&rct=j &q=&esrc =s&source=web&cd =1&ved=0ah UKEwiCn6KX-83ZAhWJpFkKHSk 7BEgQFggoMAA&url=http %3A%2F%2Fwww.agu.gov.br%2Fpa ge%2Fdownload%2Findex%2Fid%2F1437980 &usg=AOvVaw3Lkkc _4vDr9zJW0en0pT Xf. Acesso em: 2 fev. 2024.

BÍBLIA. **A Bíblia Sagrada**. 8. ed. Deerfield, Flórida: Editora Vida, 1995.

BRASIL. **Lei 13.105, de 16 de março de 2015**. Disponível em: https://www.planalto.gov.br/ccivil_03/_ato2015-2018/2015/lei/l13105.htm. Acesso em: 2 fev. 2024.

BRASIL. **Constituição da República Federativa do Brasil de 1988**. Brasília, DF: Presidente da República, [2016]. Disponível em: http://www.planalto.gov.br/ccivil_03/constituicao/

constituicao.htm. Acesso em 02 fev. 2021.

BRASIL. **Decreto Lei 13.467, de 13 de julho de 2017**. [2017]. Disponível em: http://www.planalto.gov.br/ccivil_03/decreto-lei/Del5452.htm. Acesso em: 2 fev. 2024

BRASIL. **Decreto Lei 5.452, de 1° de maio de 1943.** [1943]. Disponível em: http://www.planalto.gov.br/ccivil_03/decreto-lei/Del5452.htm. Acesso em: 2 fev. 2024.

BRASIL. **Lei 1.299-A, de 27 de dezembro de 1911.** [2021]. Disponível em: https://www.al.sp.gov.br/repositorio/legislacao/lei/1911/lei-1299A-27.12.1911.html. Acesso em: 2 fev. 2024.

BRASIL. **Pacto de San Jose da Costa Rica**. [2022]. Disponível em:https://www.pge.sp.gov.br/centrodeestudos/bibliotecavirtual/instrumentos/sanjose.htm . Acesso em: 2 fev. 2024.

BUENO, Silveira. **Dicionário da Língua Portuguesa**. São Paulo: FTD, 1996.

DÄUBLER, Wolfgang. **Tribunais do Trabalho na República Federal da Alemanha**. São Paulo, 2001. Disponível em: http://library.fes.de/pdf-files/bueros/angola/hosting/daeubler.pdf. Acesso em: 2 fev. 2024.

DELGADO, Maurinho Godinho. **Curso de direito do trabalho**. 15. ed. São Paulo: LTr, 2016.

DEVEALI, L. Mario. **Lineamientos de Derecho del Trabajo**. 2. ed. Buenos Aires: Topográfica editora Argentina, 1953.

DINIZ, Maria Helena. **Lei de Introdução ao Código Civil Brasileiro Interpretada**. 2. ed. São Paulo: Saraiva, 1996.

ESCOLA Judicial. **Histórico da justiça do trabalho**. TJMG. 2022. Disponível em: http://www.trt3.jus.br/escola/memoria/historico.htm. Acesso em: 2 fev. 2024.

FÁLCON, Enrique M. **Procedimiento laboral y conciliación obligatoria**. Tomo I y II. Santa Fe: Rubinzal Culzoni Editores, 2013.

FLORES, Baltasar C. **Nueva ley federal Del trabajo tematizada**. México: Trillas, 2006.

FRANCO, Raquel Veras. **Breve Histórico da Justiça e do Direito do Trabalho no Mundo**. SRCAR-TST. [2021]. Disponível em: http://www.amatra14.org.br/pdf/historia_justica_do_trabalho_no_mundo.pdf. Acesso em: 2 fev. 2024.

GRISOLIA, Julio Armando. **Derecho Del Trabajo y de La Seguridad Social**. Tomo I, II y III. 14. ed. Buenos Aires: Abeledo Perrot, 2011.

GRISOLIA, Julio Armando. **Derecho individual del trabajo e América Latina**: panorama de las instituciones en los distintos países. Buenos Aires: El Derecho, 2016.

GUIBOURG, Ricardo A. **Procedimiento Laboral**: Ley n. 18.345 comentada y anotada. 2. ed. Buenos Aires: La Ley, 2012.

JATOBÁ, Clever. **Pluralidade das Entidades Familiares** – novos contornos da família contemporânea. São Paulo: Publit Soluções Editoriais, 2015.

KELSEN, Hans. **Teoria Pura do Direito**. São Paulo: Martins Fontes, 2000.

LEITE, Carlos Henrique Bezerra. **Curso de direito processual do trabalho**. 14. ed. De acordo com o novo CPC – Lei 13.105, de 16-3-2015. São Paulo: Saraiva, 2016.

LIPOVETZKY, Jaime C. **Tratado de Derecho del Trabajo.** En La integración regional, Derecho comparado argentino – brasileño y latino-americano. Buenos Aires: Cathedra Jurídica, 2009. v. 1 y 2.

LIVELLARA, Carlos Alberto. **Código Procesal Laboral de la Provincia de Mendoza**: comentado, anotado y concordado. Buenos Aires: La Ley, 2011.

LORENZO, Sixto Sánches; ROZAS, Juan Carlos Fernandéz. **Curso de derecho internacional Privado**. 7. ed. Madrid: S.L. Civitas Ediciones, 1996.

LUZ, Cyntia Scherazade. Análise das cartas rogatórias como instrumento de cooperação jurídica internacional. **Centro de Direito Internacional**, 2014. Disponível em: http://centrodireitointernacional.com.br/wp-content/uploads/2014/05/Artigo-Cyntia-Scherazade-certo.pdf. Acesso em: 6 fev. 2024.

MAIA, Diogo Campos Medina *et al.* **Dicionário de Princípios Jurídicos**. Rio de Janeiro: Elsevier, 2011. v. 1.

MARCONI, Marina de Andrade; LAKATOS, Eva Maria. **Técnicas de pesquisa**: planejamento e execução de pesquisas, amostragens e técnicas de pesquisas, elaboração, análise e interpretação de dados. 3. ed. São Paulo: Atlas, 1996.

MARTINEZ, Luciano. **Curso de direito do trabalho**: relações individuais, sindicais e coletivas do trabalho. 8. ed. São Paulo: Saraiva, 2017.

MARTINS, Sergio Pinto. **Direito do Trabalho**. 28. ed. São Paulo: Atlas, 2012.

MARTINS, Sergio Pinto. **Direito do Trabalho**. 33. ed. São Paulo: Atlas, 2017a.

MARTINS, Sergio Pinto. **Direito processual do trabalho**: doutrina e pratica forense, modelos de petição, recursos, sentenças e outros. 13. ed. São Paulo: Atlas, 2000.

MARTINS, Sergio Pinto. **Direito processual do trabalho**: doutrina e pratica forense, modelos de petição, recursos, sentenças e outros. 19. ed. São Paulo: Atlas, 2005.

MARTINS, Sergio Pinto. **Direito Processual do Trabalho**. 39. ed. São Paulo: Saraiva, 2017b.

MELLO, Celso Antônio Bandeia de. **Curso de Direito Administrativo**. 14. ed. São Paulo: Malheiros Editores, 2000.

MOURA, Marcelo. **Resumos gráficos de direito do trabalho**: parte especial. Niterói: Impetus, 2014.

NASCIMENTO, Amauri Mascaro; PINHO, Ruy Rabelo. **Instituições de direito publico e privado**. 22. ed. São Paulo: Atlas, 2000.

NASCIMENTO, Amauri Mascaro. **Iniciação ao direito do trabalho**. 33. ed. São Paulo: LTr, 2007.

NOVELINO, Marcelo; CUNHA JÚNIOR, Dirley da. **Constituição federal para concursos**. Salvador: JusPodivm, 2010.

PASSOS; José Joaquim Calmon de. **Comentários ao código de processo civil**. 8. ed. Rio de Janeiro: Forense, 2001.

PEREIRA, Jane Reis Gonçalves. **Interpretação constitucional e direitos fundamentais**. São Paulo: Renovar, 2010.

PESSOA, Valton. **Manual de processo do trabalho**. 2. ed. Salvador: JusPodivm, 2008.

REAL ACADEMIA ESPAÑOLA. **Diccionario de La Lengua Española**. 22. ed. Madrid: Editorial Espasa Calpes, 2001.

REALE, Miguel. **Filosofia do direito**. 21. ed. São Paulo: Saraiva, 2003.

RESENDE, Ricardo. **Direito do trabalho esquematizado**. 4. ed. rev. atual. e ampl. Rio de Janeiro: Forense; São Paulo: Método, 2014.

RUPRECHT, Alfredo J. **Los Principios Normativos Laborales y su Proyección en la Legislación**. Buenos Aires: Zavalia: Abeledo-Perrot, 1994.

SARDEGNA, Paula Costanza. **La trabajadora migrante en el mercosul**. Buenos Aires: LexisNexis Abeledo-Perrot, 2001.

SCHIAVI, Mauro. **Manual e direito procesual do trabalho**. 8. ed. São Paulo: LTr, 2015.

SUDERA, Alejandro. **Ley 18.345 de Organización y Procedimiento de la Justicia Nacional del Trabajo**: Ley 24.635 de Cociliación Obrigatoria Previa: Comentadas y concordadas por quienes las aplican. Tomo I y II. Santa Fe: Rubinzal-Culzoni, 2011.

SÜSSEKIND, Arnaldo Lopes, Delio Maranhão, Segadas Viana e Lima Teixeira. **Instituições de direito do trabalho**. 18. ed. Tomo I e II. São Paulo: LTr, 1999.

TOSTO, Gabriel. **Principios y reglas** – en el contrato de trabajo y em el derecho colectivo del trabajo. 3. ed. Buenos Aires: Nuevo Enfoque Jurídico, 2007.

TRIVIÑOS, Augusto Nibaldo Silva. **Introdução à pesquisa em ciências sociais**: a pesquisa qualitativa em educação. São Paulo: Atlas, 2011.

VASCONCELOS, Milton Silva de. **Noções de Hermenêutica Jurídica**. São Paulo: Editora Clube de Autores, 2015.

VIALARD, Antônio Vazquez. **Derecho Del Trabajo y La Seguridad Social**. Tomo I. 8. ed. Buenos Aires: Astrea, 1999.

VIALARD, Antônio Vazquez. **Derecho Del Trabajo**. 2. ed. Buenos Aires: Lex, 1981.